AptyCare 福祉現場シリーズ ①

高齢者のための
おもちゃで楽楽作業療法

アクティビティ・トイの適応と選定

芸術教育研究所 監修　松田 均 著

黎明書房

はじめに

　この本は「おもちゃをリハビリテーションに使うこと」を提案したものです。一般にリハビリテーションではストレッチやマッサージ，手足の運動や歩行訓練などをするものとイメージされています。そして「リハビリ頑張ってね」とか「我慢してください」などのように，障害を持った本人の努力なしにはうまくいかないようなイメージがあると思います。

　そこにおもちゃを持ち出せば「おもちゃでリハビリなんて，ふざけるな！」と腹立たしく思われる人がいるかもしれません。また作業療法士，理学療法士などのリハビリテーションの専門職からすると，「医学的で科学的な根拠のある治療」を求められている現在，おもちゃを使うこと自体に抵抗があるという人もいるでしょう。実際，私もはじめは「障害児ならともかく，お年寄りにおもちゃなんて……」とちょっとふざけているのでは，という印象がありました。

　おもちゃをリハビリテーションの現場に持ち込んだ最初のきっかけは，芸術教育研究所の多田千尋所長から「おもちゃをお年寄りに使用して，調査や評価をしてみませんか？」と誘われたことでした。50点ほどのおもちゃを施設の利用者さんに訓練や余暇時間で使っていただき，効果や感想を調べてみました。結果はほとんどのおもちゃを積極的に使っていただけ，「普段より明るい表情になった」「気分が高揚して楽しそうだった」「遊び方の工夫を試みていた」「子どもの頃を思い出していた」など，肯定的な表情の変化や心の動きの報告があり，おもちゃを活動のひとつとして考えるのも興味深いと思いました。その後，地域で開催されるおもちゃ展でいろいろな種類のおもちゃを見たり，「高齢障害者とおもちゃ」（『作業療法ジャーナル：特集　人間発達とおもちゃ』2002.12，三輪書店）執筆の際に，おもちゃの研究をまとめたことで，ますますおもちゃをリハビリに使うことは魅力的な活動であると確信しました。

　リハビリテーションの専門療法である作業療法では「活動」を用います。障害にあわせた「活動」をすることにより，運動したり，頭を使ったりして，身体や心理的・精神的機能を改善し，生活能力の向上や社会参加を促します。そもそもおもちゃには，運動や心理・精神的活動，グループ交流の促進，色や音，形の刺激など，いろいろな要素や構造がたくさん含まれています。そのような「おもちゃ」を「治療・訓練手段としての活動（アクティビティ）」と位置づけ，おもちゃをリハビリテーションに用いる有効性・可能性を考え，作業療法的に紹介するのが，本書です。

　本書は，これまで『AptyCare』（アプティケア）（黎明書房）の「おもちゃでリハビリ」のコーナーに連載してきたものに，障害別に効果的であろうと思われるおもちゃを加え，効果的な点や役割についてまとめ直したものです。

　ご協力いただいた利用者さんには深く感謝するとともに，掲載されている写真に写っている方が，必ずしも本文に登場されているご本人ではないことをお断りしておきます。

　『こんな本が施設に一冊あったらいいな』と思い，書かせていただきました。

　本書が「おもちゃでリハビリテーション」そして「アクティビティ・トイ」を考えるきっかけになり，障害を持っている方が少しでも楽しく，効果のあるリハビリテーションができるよう，お役に立てれば幸いです。

作業療法士　松田　均

目次

はじめに　**1**
本書の使い方　**4**

第1章　おもちゃでリハビリテーション　5

1　リハビリテーションにおけるおもちゃの役割 …………………… **6**
2　作業療法とおもちゃ ………………………………………………… **9**
3　おもちゃの分類（アクティビティ・トイの分析） ……………… **12**
4　障害別おもちゃの選定と注意点 …………………………………… **14**

第2章　アクティビティ・トイの紹介・実践　19

1　おもちゃで手の運動
　❶　Wip Tip …………………………………………………………… **20**
　❷　スベール ………………………………………………………… **22**
　❸　手づくりお手棒 ………………………………………………… **24**
　❹　ルーピング ……………………………………………………… **26**

2　おもちゃで指の運動
　❶　チロリアン・ルーレット ……………………………………… **28**
　❷　卓上織機「イネス」 …………………………………………… **30**
　❸　手探り形合わせ ………………………………………………… **32**
　❹　ペグボード ……………………………………………………… **34**

3　おもちゃで足の運動
　❶　キックでポン …………………………………………………… **36**
　❷　グラット ………………………………………………………… **38**
　❸　魚釣りゲームと輪投げ ………………………………………… **40**

目　次

4　おもちゃで感性豊かに
- ❶　透明ブロックと照明台 ……………………… 42
- ❷　フェイスタッチ ……………………………… 44
- ❸　コロット（どろだんご） …………………… 46
- ❹　シロフォン …………………………………… 48

5　おもちゃで認知・回想
- ❶　ノブ付きパズル・プレイ＆ゲーム ………… 50
- ❷　ログハウス積み木 …………………………… 52
- ❸　江戸いろはカルタ …………………………… 54

6　おもちゃで癒し
- ❶　水の精マリン缶 ……………………………… 56
- ❷　癒し人形 ……………………………………… 58

7　おもちゃでコミュニケーション
- ❶　人生ゲーム …………………………………… 60
- ❷　ぶらんこバランスゲーム …………………… 62

8　高齢者が楽しめるおもちゃ ……………………… 64

9　おもちゃでリハビリ Q&A …………………… 70

Q1・高齢者が，おもちゃを使うことに抵抗がないか心配です。／Q2・おもちゃに興味を示さない人には，どうしたらよいでしょうか？／Q3・高齢者が生きてきた時代は，どんな時代だったのか教えてください。／Q4・年をとるというのは，具体的にはどういう変化のことですか？／Q5・障害にもいろいろあると思いますが，障害について，くわしく教えてください。／Q6・高齢者の障害の原因になる病気について教えてください。／Q7・目の見えづらい方や，耳が聞こえづらい方への配慮のしかたを教えてください。／Q8・市販のおもちゃと手づくりおもちゃは，どちらがよいでしょうか？／Q9・おもちゃの安全面での留意点を教えてください。

付録1　コピーして使える「アクティビティ・トイ分析表」　81
付録2　本書紹介おもちゃ一覧表　82
おわりに　83

本書の使い方

　本書ではおもちゃをアクティビティ・トイ（作業活動に用いられるおもちゃ）として紹介します。

　本書の構成は大きく「総論」と「アクティビティ・トイの紹介・実践」に分かれています。

　第1章では「総論」として，リハビリテーションや作業療法とおもちゃとの関係，おもちゃの分類，障害別アクティビティ・トイの選定と，注意点をあげています。そして障害別に項目に分けて症状を説明し，どのようなおもちゃがアクティビティ・トイとして選定されるかを紹介します。

　第2章では実際にアクティビティ・トイを分析し，適応と選定について述べていきます。おもちゃの働きかける効果別に選定されたアクティビティ・トイを紹介していますので，どのような障害に，どのようなアクティビティ・トイが適しているかをみることが可能です。

　また，それぞれのアクティビティ・トイが利用者さんに働きかける可能性のある効果を「おもちゃが促す効果」として★の数で表し，どのような活動が促されるのかを示しました。さらに，おもに市販されているものか，手作りもできるものなのかを☆の数で示しています。☆，☆☆，☆☆☆の3つのレベルになっています。

　最後に本書の立場をご説明します。

　リハビリテーションについては，医療的な立場では，医師とともに作業療法士や理学療法士，言語聴覚士などの専門職がおり，その治療や訓練には専門の技術，知識が必要です。リハビリテーション治療はこれら専門職の，適切な助言や指導のもと，個々の症状にあわせて行われなければなりません。しかし，障害をお持ちの方は専門職が必ずしもいない場面，たとえば在宅やデイリービスなどでも過ごされていらっしゃいます。本書ではそのような生活場面で，余暇的に，かつ効果的であろうと考えられるアクティビティ・トイを紹介しています。

　本来，おもちゃは楽しく遊ぶものですが，一方で高齢者，障害者が利用する場合では思わぬ危険や状態の悪化があるかもしれません。本書では原則的に効果や働きかけについては一般的な障害や状態を想定していますので，アクティビティ・トイを利用する場合，ワンポイントアドバイスに注意していただき，可能な限り医療的な立場からの助言を得るようにしてください。無理をせず，できる範囲で楽しく行っていただくようお願いします。

　本書の内容についてはできるだけ，先行研究やさまざまな報告をもとに述べますが，一般書という考えですので，作業療法士や理学療法士には物足りない部分もあるかもしれませんが，ご了承ください。

第1章

おもちゃで リハビリテーション

1 リハビリテーションにおけるおもちゃの役割

リハビリテーション・作業療法って？

　おもちゃをリハビリテーションに使う前にまず，リハビリテーションの概念を踏まえましょう。「リハビリテーション（リハビリ）」という単語は日本語としてすっかり定着していて今や知らない人はいないと思いますが，日本では「長嶋監督のリハビリ」というように「機能訓練」のイメージがあまりにも広まりすぎています。本来は「人権の回復」「権利の復活」などの意味があり「re-ability・再び能力」と理解するのがいちばん適当です。必ずしも機能訓練だけの意味でないということを理解してください。

　また「作業療法」とは，作業を媒介にした治療訓練のことです。作業療法が日本の法律で定められたのは1965年ですが，古くはギリシャ時代に音楽や絵画，乗馬，園芸などを治療に用いたことから始まったとされ，現在あるさまざまな療法も本来は「作業療法・Occupational Therapy」から発していると考えられます。似た言葉として「理学療法」というのもありますが，これはマッサージや電気などの物理的手段や運動，体操を用いた治療手段のことです。

リハビリとおもちゃ＝アクティビティ・トイとは？

　つぎに，リハビリとおもちゃの関係について述べたいと思います。本書では「おもちゃ＝アクティビティ・トイ」というとらえ方をしています。「アクティビティ・activity」は「活動」と訳され，作業療法では治療手段として用いられます。

　では「アクティビティ・トイ」とはなんでしょうか。実は芸術教育研究所が創った造語で「多世代型おもちゃ」に定義されたリハビリ・トイ，シルバー・トイを総称した概念です。定義づけられた用語ではありませんが，活動を促すという意味から「アクティビティ・トイ」はとてもよい言葉なので，「作業活動に用いられるおもちゃ」ということで積極的に用いたいと思います。

おもちゃの役割

　ところで「おもちゃは子どものもの」という考えをお持ちの方が多いのではないでしょうか。おもちゃを高齢者のリハビリテーションに使うにあたり，治療的活動，アクティビティとしての役割を考えてみましょう。

Ⅰ．バーチャル・リアリティとしての役割
▶▶▶ おもちゃは独創的で自由な世界を構成する ◀◀◀

　言うまでもなく，子どもはおもちゃが大好きです。なぜ子どもはおもちゃが大好きなのでしょうか。『世界の玩具事典』（岩崎美術社）の中で著者の多田信作は次のように述べています。

> 　玩具は，単に人びとを喜ばせ，楽しませたり，美的感覚を伸ばすばかりでなく，さらに独創的な遊びによって自由な世界を構成し，その遊びによって新しい生活を理解させ，自分たちの知らない仕事や技術についても学ばさせることができる。さらに，手作りおもちゃから

発生した素朴で単純明快な玩具をとおして人びとは，さまざまな材料の特徴や造形化するめやすも，学ぶことができる。

　子どもはおもちゃを「独創的で自由な世界を構成する」ことで，楽しく感じるのではないでしょうか。「独創的で自由な世界」とはどのような世界でしょう？　想像力やイメージを働かせ，自由に飛び回るようなワクワクする世界，「ファンタジーの世界」そのものではないでしょうか。

▶▶▶ ファンタジーの世界とリアリティの世界 ◀◀◀

　ファンタジーは空想的で虚構なものです。子どもはこの「現実にはあり得ない，非現実的な虚構」をあたかも現実に存在すると思いこみ，現実とファンタジーの区別をしません。子どもにとってウルトラマンやアンパンマンは本当にいる「正義の味方」なのです。認知発達からみると6歳から8歳にかけて「本当は現実ではなく，世の中にいない想像のもの」であると認識し，幼い頃はアンパンマンが現実にいると思っていても，成長するに従い，アンパンマンは「つくられたお話」だとわかってきます。この時期はいわゆる「ごっこあそび」や「想像の遊び友達（imaginary playmate）」なども盛んになる時期と考えられます。

　一方，大人の世界，リアリティ（現実）の世界では，ピーターパンのように自由に空は飛べず，アンパンマンのように顔を取り替えて強くなることはありません。リアリティの世界とはどのようなものなのでしょうか。おなかがすくと食べなければならないし，転べば痛いし，通勤のラッシュにはうんざり。仕事，勉強に追われ，たまの休みは家族サービス。非日常生活を求め旅行へ行くと財布の中身の現実が。ファンタジーの世界がうらやましくなります。

　しかし，このような現実に対する認識，現実見当識（時間や場所の正しい認識・リアリティオリエンテーション）には重要な役割があって，物忘れや妄想など非現実的な行動（「今どこにいる」「さっき何食べた」などがわからなくなる）に関係します。

▶▶▶ 仮想的現実（バーチャル・リアリティ）というクッション ◀◀◀

　さて，介護を必要とする高齢者や障害者は今，どのように生活を送っているのでしょうか。食事やトイレ，入浴など最低限の日常生活は自立し可能であっても，はたして生き生きと人間らしく闊達に過ごしているでしょうか。そこには多少のリアリティはあってもファンタジーはありません。では，ファンタジーがあればいいのでしょうか。残念ながら，そうとは単純に考えられません。

　リアリティのある世界への入り口として，ファンタジーな存在であるおもちゃを使うという，「仮想的現実（バーチャル・リアリティ）」という考え方が必要です。自由な世界を構成し，かつ現実の仕事や生活技術について学ぶために，おもちゃはファンタジーの世界とリアリティの世界をつなぎ，自分自身，あるいは自己とその世界の相互をやりとりさせてくれる仮想（バーチャル）的なものです。

たとえば，ある男性の高齢者が施設でブロックを使い，それらを組み立てて家をつくる創作的活動を行うとします。ブロックはおもちゃですが，「頭の中で家をイメージし，現実的に目の前に積み重ね造りあげていく」という活動になり，ファンタジーとして「家」という意識と，現実的に「つくるためにからだを動かす」という運動が作用します。つまり「家という意識」と「からだを動かし造っていくこと」という両方の作用が同時に働きます。
　このようにおもちゃはファンタジーとリアリティを同時に兼ね備えているもの，2つの世界を相互に行き来するもの，と考えてはどうでしょうか。そこに活動として用いる価値のあるおもちゃ「アクティビティ・トイ」としての価値があると考えられます。
　なお，ファンタジーやバーチャル・リアリティ，リアリティオリエンテーションについては心理学，特に認知心理学や臨床心理学の領域ですので，興味を持たれた方はそちらを調べてみてください。

Ⅱ．なじみのある活動としての役割
▶▶▶おもちゃと過ごした団塊の世代◀◀◀

　つぎに，高齢者が過ごしてきた時代をみることで，おもちゃのアクティビティ・トイとしての価値を考えてみましょう。
　終戦の年，昭和20年（1945年）以降の数年に生まれた世代は「団塊の世代」と呼ばれ，戦後のベビーブームで他の世代よりも人数が多く，戦後60年の日本の社会を教育や思想，産業，文化の面などでエネルギッシュに引っ張ってきました。そして現在，この団塊の世代が2015年（70歳）から2025年（80歳）までに高齢化のピークを迎えることが，社会保障や福祉の重要な課題となっています。福祉行政は今後，施設介護よりできる限り在宅での介護を勧めようとしています。介護やリハビリテーションなどは自らの努力で行わせ，自立を勧めていく方向です。
　では在宅で，どうやってリハビリテーションをするのでしょうか。何を行えばいいのでしょう？そのようなとき，なじみのあるおもちゃを使って，リハビリ的訓練ができたらいいな，と思いませんか。
　くわしくはＱ＆Ａ（P 72）でお話しますが，団塊の世代はそれまでの世代と異なり，さまざまな遊びに慣れ親しんできた世代です。高度経済成長，テレビの登場でドラマやアニメのヒーローが出現し，アメリカ文化の流入，フラフープやボウリングが大流行。家族で楽しむ人生ゲームなどのボードゲームや，ひとりで遊べるテレビゲームなど，さまざまな遊びに親しんできました。
　ですから今後高齢化を迎える世代であり比較的おもちゃに慣れ親しんできた団塊の世代には，機能的な訓練のみならず余暇的という点からもおもちゃがアクティビティとして価値あるものだと言えるでしょう。

2 作業療法とおもちゃ

作業療法の理論的背景

　アクティビティとは活動のことであるということは先に述べました。実は「作業」＝「活動」ではなく，作業（Occupaition）にはアクティビティ（activity）にない労働や生産といった経済的意味があり，作業療法では単に手工芸的なものや遊び，レクリエーションなどだけでなく，食事や着替えなどの身の回りのことや仕事，地域社会活動まで，人間としての活動ほとんどすべて「作業」と捉えます。

　作業療法は1965年からの国家資格制度で，基本的に医療から発展してきました。ですから，解剖学，生理学，臨床医学を基本知識とし，一方では運動科学や心理学（臨床心理学）などリハビリテーションに重要な学識にも比重をおいています。特に作業療法の対象者には精神障害の方も含まれますので心理学や精神医学は必須です。

　さて，学際的な知識の紹介よりも重要なのは具体的な作業を用いることによる「効果の理論的背景」です。つまり「こういうことをやって，こういう理屈から考えると，こういう点に効果があるはずだ」ということです。たとえば「輪投げをやると手が伸び，からだが伸びて，重心が移動する。そうすると足に踏ん張りがつき，足の力をつける（筋力強化）のに効果がある」ということ。この例はあまり科学的な言い回しではないのですが，このようなことをもう少し科学的に考えているのが作業療法なのです。

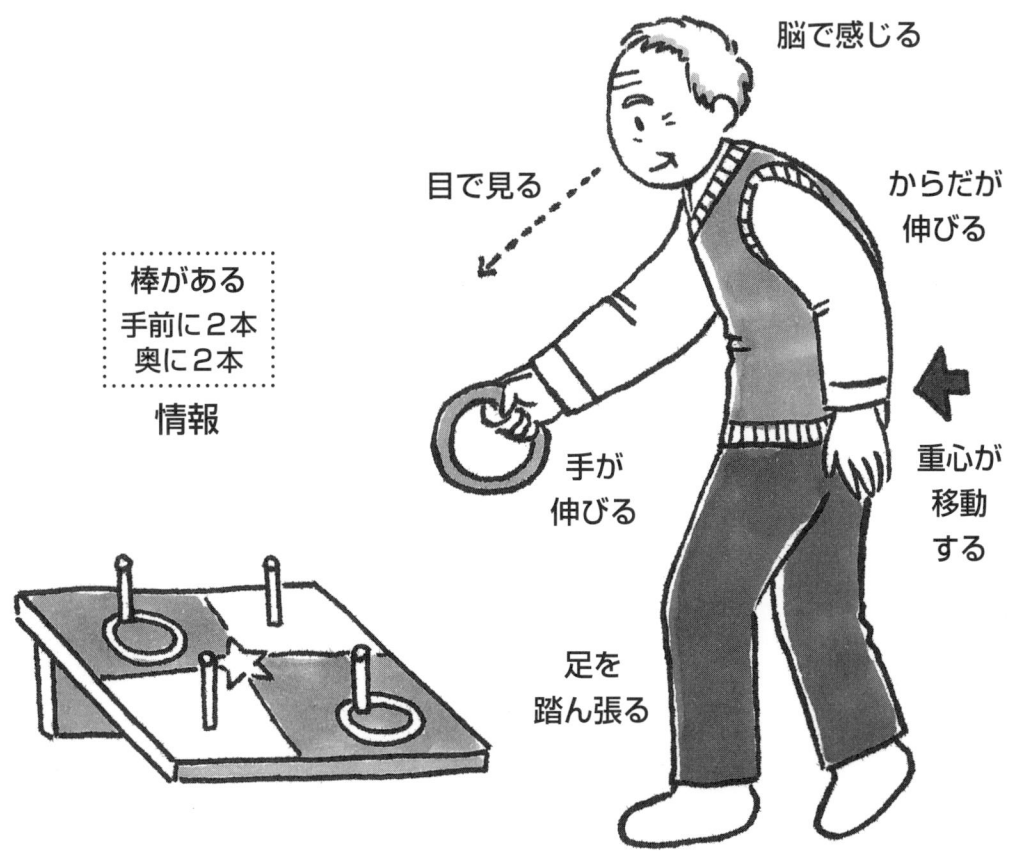

作業は科学かどうかという問題（治療的根拠のある作業）は実は重要な問題です。科学的に結びつく理論を簡単にご紹介します。

▶▶▶解剖学・生理学・運動学◀◀◀

解剖学や生理学は，人間の身体の構造や機能を表す基本的な学問です。後で述べる障害の種類（P76）でも，この解剖学的・生理学的障害を機能障害として，治療の対象としています。

運動学は，運動のしくみを解剖学や生理学をもとに，筋や骨格，神経がどのように働くか運動分析などを行うことで表します。たとえば，立ち上がるときにどの筋肉が使われるか，歩くときのバランスや反射はどうか，などです。

▶▶▶認知理論・発達心理学・精神分析◀◀◀

作業あるいは活動は自分の意志で行う能動的で自発的なものです。これは気持ちや気分，意識など，心というか脳の中の話になります。認知理論では「どのように色や形を認識するか」「自分のお茶碗は，なぜ自分のものと覚えていられるか」など，いろいろな情報を脳でどのように処理するのかを考えます。

発達心理学は子どもの発達過程から人間を見ていくものです。たとえば幼児は大小のコップの水の量を自分勝手に判断しますが，成長して大きくなってくると正しく判断できてくるようになります。このようなことがなぜ起こるのかということを理論立てて説明します。

精神分析は人間にとっての欲求の働きや無意識がどのように作用するかといった話です。その他，心理学や精神医学，心や意識に関する理論はたくさんあります。

▶▶▶アフォーダンス◀◀◀

これも心理学に関係しますが，人と環境の間に注目した理論です。周囲の環境にはたくさんの情報があり，環境から情報を提供（アフォード）されます。たとえば「椅子は椅子としての性質を持っているから座れる」ということです。人は椅子の傾きや地面との関係，座面の沈み具合の情報が提供されているから，椅子に座れます。つまり人は自ら動くことによる色や形，におい，触感などの変化によって情報を探索しつつ，物の価値や意味を知る知覚のシステムを持っている，というのが特徴です。

アクティビティの分析　運動と感覚について

おもちゃの適応と選定を理解していただきやすいように『運動と感覚』について説明します。

▶▶▶大きなからだの動き◀◀◀

一般的には「指の運動」「肩の運動」「腹筋の運動」などというように，主に関節や筋の活動を「運動」と言います。たとえば「立ち上がる動作」は体幹（からだ）を前かがみにする（前屈）運動，股関節を曲げて伸ばす（屈曲・伸展）運動，膝を伸ばす（膝伸展）運動，足首（足関節）を踏ん張る（底屈）運動が組み合わさったものです。このような大きな運動を「粗大運動」と呼ぶこともあります。

▶▶▶手と指の動き◀◀◀

　手というときには一般的に手首から先の動作が注目されますが，運動としては肩や肘の『手を届かせる』運動と，手指の『動作をする』運動を分けなければなりません。肩や肘の運動は『上肢』の運動といって，「粗大運動」に分類されます。指を動かす手指の運動は「巧緻運動」と呼ばれます。細かな指先の動きとイメージしてください。主な手の巧緻運動は，指の側方への動き（肌理），圧迫する動き（硬さ），静的な接触する動き（温度），包み込まないで持って振る動き（重さ），包み込む動き（全体的な形，量），輪郭を触る動き（特別な形，量）などです。

▶▶▶見る聞く触る感覚◀◀◀

　「運動」と切っても切り離せないのが「感覚」です。運動と感覚は，たとえば手で紙をこすってみたり目を動かしてみるとわかるように，同時に起こります。

　感覚は一般的には五感といわれるように「視覚」「触覚」「聴覚」「嗅覚」「味覚」などがあげられます。「視覚」では，眼は視力や視野，色や明るさを感じ，形や奥行き，立体感を感じるのは脳の中での情報処理になります。「触覚」は軽く触る触覚，強く触るような圧覚，温度を知る温覚や冷覚，痛みを感じる痛覚に分けられます。

　また「運動感覚」は，筋肉の中にある筋の引っ張り具合を感じる受容器である深部感覚，関節の動き，位置を感じる自己受容感覚などに分けられ，平衡感覚はからだの傾きやバランスを感じます。

　その他，食べるのも，おしゃべりするのも，呼吸するのも，重要な運動や感覚です。
　「作業療法ではこんなことを考えてやっています」というのがご理解いただけたでしょうか。もちろんいろいろな理論や知識の詳細は，専門書をお読みください。

▶▶▶達成感と自立・自己決定権◀◀◀

　最後に「運動」や「感覚」のお話ではありませんが，アクティビティ・トイを含めた活動を行う際に大切なことを2つ述べます。

　1つは「達成感」です。高齢になると，それまで普通に行われていた事でもうまくできず，進まないようになります。そして「自分は何にもできないんだから」と落ち込み「やる気」がでなくなります。ですから，目的を達成し成功することが重要です。たとえば簡単なペグボードでも，本人にとっては「できた！」という喜びになりますし，それを成しとげることは自信につながります。活動には「達成感」や「動機付け（やる気）」が必要なのです。

　もう1つは「自立」や「自己決定権」です。自立というと他人に迷惑をかけないで自分のことは自分でする，というように思われます。しかし，高齢者や障害者は場合によってはお世話にならなければならないわけです。リハビリテーションでは「自分の関心事を決定することができること」を自立といいます。食事や着替えなどの日常生活の自立以上に，自立した個人として自己決定権を認め，尊重し尊厳を持って接することが重要です。ですから活動に興味を示さない人については，興味がないということも周囲で認めてあげることが大切です。興味のあるものを一緒に考え，場所や時間，雰囲気なども考慮して取り組んでみてください。

3 おもちゃの分類（アクティビティ・トイの分析）

「このおもちゃはこの人にどうかしら？」と導入に悩むことがあります。アクティビティ・トイの選定はどのようにすればよいのでしょうか。選定するためにはまず，おもちゃをアクティビティとして分析する必要があります。

本書ではおもちゃの持っている特性を，アクティビティ・トイの構造として次のように分類します。

1．遊び方である「用途」
2．おもちゃから「得られる活動・感性」
3．木やプラスチック，布などの「素材（材質）」と色や形，大きさなどの「形態」
4．「主な運動の特性」
5．「主な感覚の特性」

その他に，世界や日本の地方別，市販か手作りかの別，対象とする年齢・性別などでも分類可能です。用いるおもちゃそれぞれに，アクティビティ・トイの構造を分析する必要があります。

たとえば右の「アクティビティ・トイ分析表」のようなものがあるとわかりやすいでしょう。分析表ではアクティビティ・トイの構造をそれぞれの項目別にチェックします。

「カルタ」を例にとると

1．用途：競争ゲーム
2．得られる活動・感性：テーブルで40分くらいの間，楽しさ，おかしさ，忙しさが誘発されて言語と判断能力の必要性がある
3．素材（材質）と形態：紙でやや硬く，やや小さい
4．主な運動の特性：やや粗大運動で，座ってつかむ運動
5．主な感覚の特性：見る，読む，聞く，触る，覚える，集中力が必要

このように「カルタ」の特性から，そのアクティビティ・トイとしての構造が明らかになります。そしてカルタが「交流のあるゲームで，言語判断能力があり，ある程度動けて，なおかつ集中力が求められる人へどうかしら？」となるのです。

そのアクティビティ・トイはどのように遊ぶものか，活動や感性が得られるか，どんな素材や形態で，運動や感覚へどんな影響を及ぼすのか，つまりどんな身体的，精神的活動を促すのか，ということを明らかにしなければなりません。その上で利用者さんの抱えている問題，運動や感覚，精神的，心理的な問題などと照らし合わせることによって，アクティビティ・トイが使えるものになるのです。

白紙の「アクティビティ・トイ分析表」はP81に掲載してありますので，コピーしてお使いください。

アクティビティ・トイ分析表

おもちゃの名称　　江戸いろはカルタ
一般的に遊ぶ人数　3から5, 6人

1. 用途
ゲーム（競争）・運動あそび・構成あそび・感覚（みる、きく、さわる）・クイズ、頭の体操あそび・その他（　　　　　　　　　　　　　　）

2. 得られる活動・感性
時間の長さ　　40分
使用する際の空間　手の届く範囲・テーブル上・室内
工程の複雑さ
　　単純　*--(+)--*　複雑
誘発される感情の種類
　　楽しい　*(-+)---*　楽しくない
　　うれしい　*-(+)--*　悲しい
　　おかしい　*(-+)---*　おかしくない
　　気持ちよい　*-(+)--*　気持ち悪い
　　忙しい　*(----+)---*　ゆっくり
　　やさしい　*-(+)--*　こわい
　　きれい　*-(+)--*　きたない
　　緊張する　*-(+)--*　緊張しない
そのほかの感情
　　　負けない気持ち
言語能力の必要性
　　あり　*(----+)---*　なし
判断能力の必要性
　　あり　*(----+)---*　なし

3. 素材（材質）と形態
　　硬い　*(-+)---*　柔らかい
　　大きい　*----(+)-*　小さい
　　長い　*----(+)-*　短い
　　でこぼこ　*---(+)-*　つるつる
　　重い　*----(-*)　軽い
　　明るい　*(-+)--*　暗い

おもな色の種類　　カラフルな絵柄
おもな形　　　　　　　　四角
材質（木・金属・プラなど）　　紙
おもな音の種類　　　　　なし
おもな香りの種類　　　　なし
その他　　　　　　　　　薄い

4. 主な運動の特性
　　粗大運動　*(-+)---*　巧緻運動
　　早い運動　*(-+)---*　遅い運動
　　力のいる運動　*---+-(*)　力のいらない運動
　　リズムのいる運動　*---+-(*)　リズムのいらない運動
　　繰り返しのいる運動　*---(+)-*　繰り返しのない運動
　　エネルギーの必要な運動　*---+-(*)　エネルギーの必要ない運動
　　持続的な運動　*---+-(*)　瞬発的な運動
　　座る　*(----+)---*　座らない
　　立つ　*---+-(*)　立たない
　　歩く　*---+-(*)　歩かない
　　走る　*---+-(*)　走らない
　　書く　*---+-(*)　書かない
　　つかむ　*(----+)---*　つかまない
　　押さえる　*---+-(*)　押さえない
　　回す　*---+-(*)　回さない
　　投げる　*---+-(*)　投げない

一般的な基本的肢位　　座位
主に用いられる身体的部位　手・からだ
その他　　瞬間的に手を伸ばす

5. 主な感覚の特性
　　見る　*(----+)---*　見ない
　　読む　*(----+)---*　読まない
　　聴く　*(----+)---*　聴かない
　　話す　*(-+)---*　話さない
　　手で触る　*(----+)---*　手で触らない
　　覚える　*(----+)---*　覚えない
　　気を配る　*(----+)---*　気をつかわない
　　嗅ぐ　*---+-(*)　嗅がない
　　集中必要　*(----+)---*　集中必要ない

6. 世界や日本の地方　地域性あり
7. 市販か手作りか　主に市販, 手作り可能
8. 対象とする年齢・男女別　特になし

4 障害別おもちゃの選定と注意点

　障害とは一般に，身体や精神に機能的な問題があって，日常生活や社会生活を行っていく上で不都合な状態が生じることです。医療や福祉の分野では障害について「国際生活機能分類（ICF）」で分類します（くわしくはQ＆A（P 76）をご参照ください）。その中でも本書ではおもに心身機能（Functioning）に注目し，アクティビティ・トイの選定をするためにもう少しわかりやすいように以下のように分類します。

（1）　おもに肩や肘など上肢の関節運動の障害（廃用性や片麻痺などによる）
（2）　おもに手指の関節運動の障害（廃用性や片麻痺などによる）
（3）　おもに立位や歩行など足，下肢の運動の障害（廃用性や片麻痺などによる）
（4）　おもに座位姿勢の障害（廃用性や片麻痺などによる）
（5）　おもに上肢など感覚の障害（片麻痺などによる）
（6）　おもに記憶や言語などの認知の障害（認知症などによる）
（7）　おもに対人交流やコミュニケーションの障害（認知症などによる）

　以上7つの項目について，障害の症状を説明し，どのようなおもちゃがアクティビティ・トイとして選定されるかをご紹介します。

（1）　おもに肩や肘など上肢の関節運動の障害（廃用性や片麻痺などによる）

　片麻痺などでは，多様な症状がみられます。「運動麻痺」では筋肉の緊張が正常を失い，筋緊張が低下（柔らかくて力が入らなかったり）や亢進（硬くなる）し，その結果，関節の可動域制限（いわゆる関節が動かない状態）が起きます。感覚の麻痺も生じることがあり，触った感覚，関節が動く感覚がわからなくなります。運動や感覚の麻痺は，程度や場所（手の方が強かったり足の方が強かったり）が個人によってさまざまです。加えて，いわゆる高次脳機能（認知や概念）の障害では，記憶や空間，言語などにも障害を受けることがあります。

　肩や肘，肩甲骨など，手を動かす部分を「上肢」といいます。片麻痺などでは手先の細かな動きの他に，手を伸ばしたりする上肢の動き（リーチ・到達機能）にも障害がみられます。この機能が障害されると，食事でお皿に手が届かなかったり歯ブラシを口に持ってこられなかったりします。手は思ったより重く，肩からぶら下がっている状態ですので，筋の異常や関節の可動域制限があると手を上げることは大変になります。腕や手を動かすときには，まずは前や下，横へ動かします。前や横へ伸ばすときは重さ（テコ）の関係でより身体から遠くなる程，重力に対して努力が必要です。逆に下方向（床の方）へ動かすのは容易です。

　おもちゃははじめ身体に近いところで遊べるようにセットしてみましょう。手自体が重く感じるので，手の重さをテーブルか介助で支えるようにします。

　手の動きはほとんどの場合，上肢と手指が同時に働きます。たとえばペンで字を書くときや箸を持ってご飯を食べるときのように，持って動かすという同時の動きが要求されます。このため手指の障害と腕や手の障害の両方に，同時に注目しておもちゃを選ぶ必要があります。

　リーチ・到達機能では，動きの方向やスピード，重さを，段階的にコントロールします。テーブルの上でゆっくりと手を伸ばす「スベール」（P 22）や「コロット」（P 46）から，テーブルに少し手をつきながら行う「ルーピング」（P 26），手の重みを感じながら行う「魚釣りゲー

ムと輪投げ」（P 40），ダンベルのように持って負荷をかけて体操をする「お手棒」（P 24），さらにはもっとダイナミックに太鼓をたたくなどへと発展させる感じで行ってください。

運動はできるだけ大きい方が効果的ですが，痛み，特に肩の痛みが症状としてある場合には，絶対無理をしないようにしましょう。痛みはそれ自体，炎症が起きている可能性がありますので，より慎重さが必要です。リウマチなど，変形や拘縮のある場合も，医師などに相談してください。

(2) おもに手指の関節運動の障害（廃用性や片麻痺などによる）

手指の関節の障害についてですが，手先には細かな動き（巧緻運動）が求められます。手先を動かす筋肉は肘や腕から手のひらや手の甲を通って指の関節まで走行し，巧緻的な動きを発揮しています。片麻痺でよくみられるのは，筋や関節が硬くなって手が開かないということです。開かないのは，反射的に緊張し，把握が強くなっていることが考えられます。この場合，無理に引っ張ったりして緊張を強めないようにしましょう。

つまむ，挟むといった，細かな分離した動きは，指1本1本が動かない状態では無理です。はじめは比較的簡単に，輪や棒を握って離すなどを目標にしましょう。また身体を支える，押すなど，手全体を使うようにします。肘や手も含め，手指に緊張が強くみられる場合は，触感が柔らかいもので緊張を緩和します。布でできた「ぬいぐるみ」のようなものや，軽いものを準備してみましょう。木はものにより意外とザラザラ感があるので注意が必要です。

指が1本ずつ動かせる分離した動きが見込まれるような場合，つまむような細かな動きをしましょう。つまんで離す「ペグボード」（P 34）や構成遊びにもなるような「透明ブロック」（P 42），「ログハウス積み木」（P 52）などができます。もっと動くようであれば積極的に織機「イネス」（P 30）のような，創作的な活動をしましょう。コマ（「チロリアン・ルーレット」（P 28））をまわすようなひねる動きができればたいへん結構です。手指の巧緻運動のポイントは細かな感覚がわかるかどうかです。形や材質の感覚がわかると細かな動きができますので「手探り形合わせ」（P 32）や「フェイスタッチ」（P 44）などもお勧めです。

注意点は，手指の運動は細かくて大変なことです。緊張から疲れがでやすく，イライラもします。無理せず，リラックスしながら，ゆっくりと，できる範囲で行いましょう。

(3) おもに立位や歩行など足，下肢の運動の障害（廃用性や片麻痺などによる）

片麻痺の患者さんの多くの希望は「歩きたい」ということです。足（下肢）は歩くためにあるのですがその前に「立つ」必要があります。片麻痺の場合，手と同じように筋の緊張の問題がありますが，それに加えてしっかり支える筋力の問題，また平衡バランスの問題もあります。

まずは床との接地面，足底（足裏）が重要です。緊張でかかとが浮いたり，足全体に体重がかからず支えられなかったり，内側へ変形したりします。足底の感覚が鈍い場合もあります。バランスについてはどんな場所に立つのかも重要です。硬い床か，柔らかいジュータンか，微妙な床

面の変化が重心の変化に大きな影響を与えます。

　足で遊ぶおもちゃはそんなに多くはみられませんので，たとえば「輪投げ」（P 40）や「ダーツ」など手を使うおもちゃを，「立って」行ってみてはいかがでしょうか。立位では，支持性とバランスの訓練になります。もう少しダイナミックでバランスや動きのあるアクティビティ・トイができる場合は，下肢（足）を動かすようなものがいいでしょう。「グラット」（P 38）は板の下に球がついていてその上に乗ってバランスを取るもので，「キックでポン」（P 36）はタイミングを計って足で踏ん張り，転がってきたボールを跳ね上げるというものです。足を上げる筋力，振り下ろすタイミング，力加減が求められます。

　足で遊ぶ場合，転倒には十分注意してください。からだだけ前へ行って足が付いてこないことや，ゲームに夢中になって周囲を見回す余裕がなくなるなどの危険があります。立位でのポイントは足底への体重のかけ方です。あまり過度に体重がかかると緊張が増したり，疲労や痛みも引き起こします。股関節や膝関節の変形症の方は特に注意してください。

(4) おもに座位姿勢の障害（廃用性や片麻痺などによる）

　座っているというのはなにげないことですが，お年寄りが日中，時間的に長くしている動作です。施設でも，車椅子や背もたれのある椅子に長く座っていることでしょう。ほとんどの場合は食事や創作活動など何かをするために座っていますが，座ることを機能としてみた場合は，特に足と体幹（からだ）に注目します。たとえば手を伸ばすときは，しっかり足で支えないとからだが前に伸ばせません。立ち上がるときにはからだを前方へ倒し足でしっかり支えてお尻を浮かせなければなりません。座って足に体重をかける，座面（お尻）で体重の移動を感じるということは重要です。座って何かをするということは同時に，足や体幹の訓練になるということを覚えてください。

　そのためにテーブルをはずして遊んでみましょう。そうして手を伸ばすことで足に力が入ります。たとえば「魚釣りゲーム」（P 40）でからだをバランスよく前に伸ばしてください。「キックでポン」（P 36）を使って足の上げ下げをするのも筋力向上に効果的です。

　背もたれ椅子や車椅子で姿勢が悪い場合があります。これはからだの筋緊張が後ろへ突っ張った状態でもとに戻れなくなっているのです。姿勢が崩れる前に福祉用具などでからだを支えてあげる必要があります。

　空間認知に問題のある場合，からだの真っ直ぐな姿勢（正中線）をずれて感じている人もいますので，無理な指摘は避けましょう。ご本人にとっては曲がっているのが普通なので，「Wip Tip」（P20）などを用いた活動を通して，遊びながら真っ直ぐな姿勢に気づいていただくようにしてください。

(5) おもに上肢など感覚の障害（片麻痺などによる）

　手や肘，指が動くのに動かしにくいなど，不器用な感じがする場合があり

ます。動かしてもらうと筋肉や関節の動きなどは正常なのに，自分でどう動かしているか，何を触っているかわからない人，鈍い人がいますが，これは触る感覚の問題です。「触る感覚」は皮膚の感覚と，筋などの感覚（深部感覚，固有覚，自己受容感覚）に分かれます。「皮膚感覚」には軽く触っても感じる「触覚」，押す程度の刺激を感じる「圧覚」，温度を感じる「温度覚」その他「痛覚」があります。筋の感覚は，運動感覚としては関節内や筋肉に関節の位置情報や振動，筋の牽引情報（引っ張り具合）を感じるものがあります。

　たとえば「手探り形合わせ」（P 32）で，袋に手を入れて触ったものが木製の三角形の板だとわかるのは，指を動かして触ったいろいろな感覚が脳で複合的に情報処理されているからです。ザラザラした感じや温度，硬さ，形や大きさなどの情報が脳に伝わり，自分の経験と照合して知覚することで木製の三角形の板だとわかるのです。ですから，触る材質，形，大きさ，重さなどを考慮しなくてはなりません。触る感覚の特徴は，動かさないと感覚が入りにくいということです。

　一般的なおもちゃでは材質の変化に注目されたおもちゃはあまりみられません。アクティビティ・トイの中では木やコルク，アルミなどいろいろな材質でマッチングゲームをする「フェイスタッチ」（P 44）などがあります。新聞紙を丸めたり，どろだんご「コロット」（P 46）をつくるようなことも感覚を活性化させるでしょう。

　注意点としては，認知症の方などが，触ることを不快に感じる場合があるということです。自分で触るのと触らされるのでは，誰でも違うように感じるでしょう？　無理に触ってもらうことで不快や緊張が増すことがありますので注意してください。

(6)　おもに記憶や言語などの認知の障害（認知症などによる）

　認知症には，人格の変化，意欲・反応の低下，不眠，幻覚，妄想，感情失禁など多様な精神症状がみられます。そのような症状を記憶や注意，言語など，「認知的な脳の情報処理過程についての問題」と，徘徊や異食，交流やコミュニケーションなどの「異常行動の問題」に分けて考えます。

　まず，記憶や注意の低下を予防する観点からアクティビティ・トイをみてみます。くわしくはQ＆A（P 75）でも述べますが，記憶についてはいろいろな種類があります。ここでは，コンロに火をつけてそのまま忘れてしまったり，電話の番号を押しながらどこまで押したか忘れてしまうなど，認知症の初期症状でみられる物忘れ（短期記憶や作動記憶といわれるもの）に注目します。

　「積み木」や「ブロック」を使って自由に構成したり見本を模倣したりすることは，「いま何をやっているか」を覚えているということなので脳を刺激します。「イネス」（P 30）で手を使い，創造的に織物をつくるのも脳の活性化に有効です。普段，身の回りにあるものの名前や使い方を言い当てるゲーム「ノブ付きパズル」（P 50）や，「犬も歩けば棒に当たる」という馴染みのある見慣れた「江戸いろはカルタ」（P 54）は，ゲームを通して今現在の記憶を高められます。

　注意点は，自尊心を傷つけないことです。できないこと自体，覚えていないことがあります。意欲についても「できないので，やりたくない」ということもあります。構成遊びやゲームは「できる人はできて，できない人はなかなかできない」ので無理な導入はいけません。

(7)　おもに対人交流やコミュニケーションの障害（認知症などによる）

　認知症の対人交流やコミュニケーションについての症状は精神状態から引き起こされる不安や

落ち込みなどで，引きこもりや人と接することを嫌がる状態などです。かなり重度な状態では，妄想や幻覚で異常な行動をとることもありますし反応そのものが低下してしまうことがあります。

不安を和らげるということに注目してみると，「癒し人形」（P 58）はどうでしょうか。子どもの頃を想い出し，柔らかい感触が表情を和ませてくれます。一見ままごと遊びのようですが，人形を抱いておしめを取り替えたり着替えをさせたりすることで，徘徊や奇声を間接的に抑止する効果があります。

反応の乏しい場合は光や音で反応を引き出します。輝く美しい表情を持つ「透明ブロック」（P 42）や柔らかで清らかな水の音のする「マリン缶」（P 56），カラコロと音の出る楽器「シロフォン」（P 48）などで見たり聞いたりする刺激を与えましょう。

少し症状の軽度な方のコミュニケーションの障害については，不得意な記憶や注意を用いない，単純で楽しくワイワイガヤガヤとできるゲームを通してコミュニケーションを図ります。「ぶらんこバランスゲーム」（P 62）などは，単純につり下がっている円盤に順にコマを乗せていくだけで動作的には簡単な部類ですが，ゲームとしてはたいへん盛り上がります。昔からある「黒ひげ危機一髪」も似たような要素で，ドキドキハラハラゲームの類です。「人生ゲーム」（P 60）はすごろくに似たゲームで，交流が図れます。できないところはお手伝いしましょう。

認知症は，そのものの捉え方や対処方法もまだまだ難しい分野です。おもちゃを使うことも，声かけだけでは参加しなかったり，参加しても寝ていたり反応がなかったりと，実際は難しさもあるでしょう。対人交流やコミュニケーションでは，対象者の症状やレベルにあわせた反応を引き出すアクティビティ・トイを選ぶ工夫が必要です。いろいろな活動の種類や，活動の手駒だけでも用意していれば関わりが広がります。

注意点として，ぬいぐるみやお人形は女性には「ごっこ遊び」的な要素でなじみがあり効果的ですが，「馬鹿にしている」と思われないように慎重な導入が必要です。それからつい認知症に注意が向くと忘れがちですが，目が見えづらかったり耳が聞こえづらかったりする感覚の問題もありますので注意してください。

障害別にアクティビティ・トイの選定について説明しました。選定のポイントは「まったく同じ障害はない」ということです。同じ病気，同じ症状であってもひとりひとり，年齢も違えば住んでいるところも考えていることも違う，ひとりひとりが人格を持っている，ということです。そのひとりひとりの症状を理解して，愛情と信頼を持って接し，アクティビティ・トイを媒介にして人と人，人とものとが関係することをよく理解し，ケアに活かしてください。

第**2**章

アクティビティ・トイの紹介・実践

1 おもちゃで手の運動

おもに肩や肘など上肢の関節運動の障害（廃用性や片麻痺などによる）

からだを伸ばして手を上げましょう
（市販☆☆☆・手づくり☆）

❶ **Wip Tip**（ウィップ ティップ）

おもちゃが促す効果
- 手を使う ★★★
- 指を動かす ★★
- 足の運動 ★★
- 見る聞く触る感覚 ★★
- 認知構成能力 ★
- ヒーリング・癒し ★
- コミュニケーション交流 ★

このアクティビティ・トイの遊び方

　立つかあるいは座った状態で使います。手の届く位置に上から Wip Tip を吊るします。手を上げて，ひもに通された赤・青・黄などの5つの輪を引き上げ，手を離すと輪がカタカタと落ちていきます。5つの輪がそれぞれ，下の小さな棒に入るとラッキーです。落とし方と結果は関係ありません。それぞれの色に点数を決めて競うのも楽しいです。

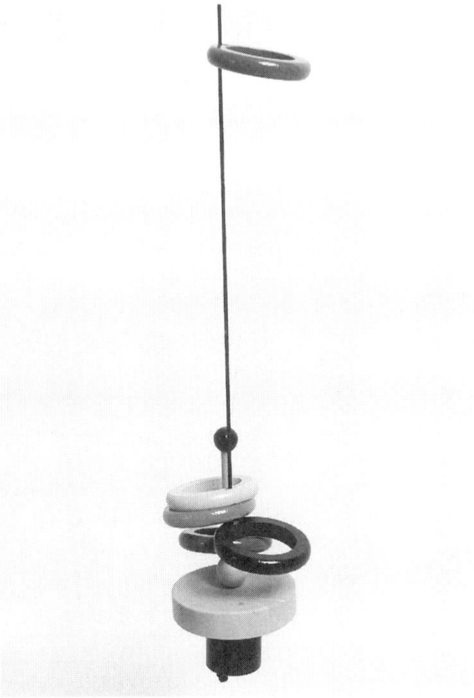

導入のきっかけ

　日常の食事や歩行などで，目線より下の方へは注意がいきますが，からだを伸ばして手を上げる機会はなかなかありません。このアクティビティ・トイを利用して，からだと腕を伸ばします。

このアクティビティ・トイはこういう人に

　立位でも座位でも，上肢の挙上（腕の上がり）の悪い方に適応します。立位では，立てるけれどバランスの悪い方や体幹（からだ）が曲がってしまう方に，座位では円背（背中が丸い）で体幹の伸展（からだの伸び）がみられない方にお勧めです。

お年寄りの様子・実践報告

　片麻痺の人にやっていただきました。麻痺のある側での運動は難しいので，麻痺のない側の手を上げて行いました。立って行うことに不安がありましたが，懸命に上の方へ手を伸ばし，からだを動かしていらっしゃいました。何回かやるごとに徐々に，手が上の方へ上がり，バランスも安定してきました。座ってやっていただいたときには，楽に手を上げられて，姿勢がよくなっていました。落ちてくる5つの輪に「入れ入れ！」と声をかけ，入ったときはうれしそうでした。

このような 効果 や 働き が考えられます

Wip Tip は手を上げる訓練です。より上へ手を伸ばすことを促しますので，着替えのときに手を動かすことや，洗濯物干しのように，高い場所へ手を上げて物を取ることがラクになります。

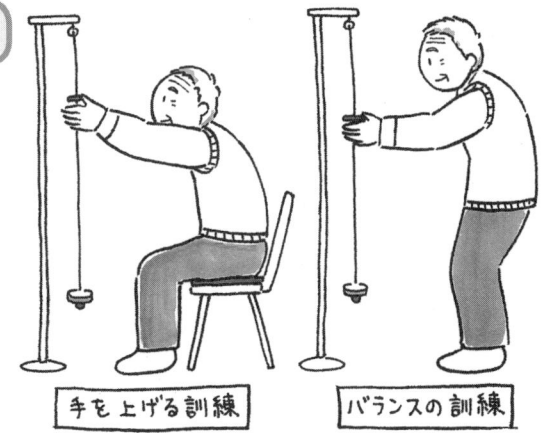
手を上げる訓練　　バランスの訓練

●●● 運動面 からみると ●●●

比較的単純なアクティビティですが，立位や座位のバランス能力の向上，手の上げ下げの運動，体幹の伸展（からだの伸び）に適しています。輪を引き上げる動作には，肩の関節を上に挙げる運動と，体幹（からだ）が伸びる運動が必要です。肩関節の屈曲（腕を上げる），肘関節の伸展（肘の伸び），脊柱の伸展（背骨の伸び）に関する筋（たとえば肩の三角筋，上腕三頭筋や腰の脊柱起立筋，腹筋など）が働きます。

また座位，立位バランスでの立ち直り反応（倒れそうなときにもどる反応）も働きます。立って行う場合にはもちろん下肢（足）の筋力や関節運動が必要ですし，座って行う場合でも，足底（足裏）や臀部（おしり）への体重移動は下肢（足）の筋を使うことにもなります。

●●● 感覚認知面 からみると ●●●

Wip Tip は輪を引き上げるとき，吊り下げられたひもに沿って手を上方へ動かします。つまり手の運動は間接的に，ひもを持つ感触（触覚的情報）に誘導されて動かしているのです。

視覚的には，ひもが垂直に垂れ下がっているので，垂直方向の感覚が促されます。体軸（からだの軸，真ん中の軸）の傾きと，垂直の違いが認識できます。5つの輪は，ひもをカタカタとゆっくり落ちるので，視覚的には上から下への追視（目で追う）状態になり

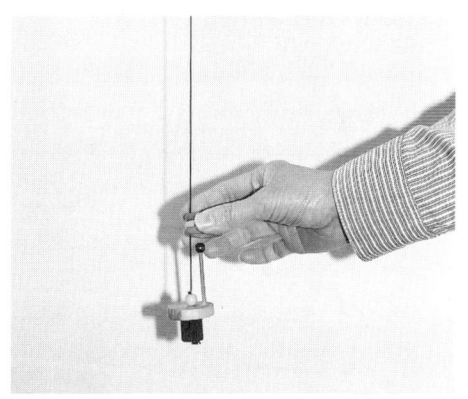

ます。そのときに目の動きに伴って頭が動き，姿勢が崩れやすくなります。そうならないように，からだを調整する必要があります。つまり視覚と姿勢保持（姿勢の安定性）の協調性が必要です。

ワンポイントアドバイス

一般に運動には，十分な筋力と関節の動き，目的にあったタイミングや力加減，さらには動きに対応できるバランス能力が必要です。最初は少し手を上げる程度から，徐々に目標を高くしてみましょう。目的別に手を上げる訓練のときは体幹（からだ）を安定させて，バランス訓練のときはあまり手を上げないというように無理をせずに行ってください。

注意点として，立って行う場合には，転倒に十分気をつけてください。また，麻痺の状態や肩の痛み，腰の痛みなどがある場合は専門家に相談してください。

1 おもちゃで手の運動

おもに肩や肘など上肢の関節運動の障害（廃用性や片麻痺などによる）

テーブルの上で手を滑らせましょう
（市販☆・手づくり☆☆☆）

❷ スベール

おもちゃが促す効果

手を使う	★★★
指を動かす	★★
足の運動	★
見る聞く触る感覚	★★
認知構成能力	★
ヒーリング・癒し	★
コミュニケーション交流	★★★

このアクティビティ・トイの遊び方

基本的にはゲームセンターなどにあるエアホッケーのように使います。ボウリングやカーリングのようにも遊べます。訓練ではサンディング（ヤスリがけ・手を前に伸ばす動作），ワイピング（テーブルを掃く動作）と同じような感じがあります。テーブルでボウリング（手で滑らせる）や卓球（つまみ型をへらに，駒型を玉にみたてて），床ではゴルフ（スティックで打つ）など滑らせて，お楽しみください。

導入のきっかけ

作業療法の訓練ではサンディングやワイピングをよく行います。上肢のリーチ・到達機能や関節の可動域（関節の運動範囲）訓練として行います。

このアクティビティ・トイはこういう人に

このアクティビティ・トイは比較的軽度の麻痺（腕が口のあたりまで動く程度）の人に適応します。テーブルの上で動かせる人や緊張があまりない人によいでしょう。麻痺のない人にも手を伸ばす訓練になります。

お年寄りの様子・実践報告

ゆっくりとしたエアホッケーのように使いました。滑らせる方向と力加減に集中して遊ぶことがおもしろいようです。周囲で見ている人も，「惜しい，もう少し強く」「強すぎる，もう少し力を抜いて」などと一緒に楽しめていました。2回目以降も「ああ，それおもしろいわよね」と反応がよく，レクリエーションなどへの参加意欲の向上が期待できます。スポーツとしてのゲーム性があり，男性の参加も促せそうです。

このような効果や働きが考えられます

主に上肢（肩や肘，手）の関節可動性の向上が期待されます。滑るので抵抗が少なく手が伸びます。持久力，俊敏性，運動視力，目と手の協調動作も鍛えられます。日常生活では字を書くことなど，机上で行う動作がしやすくなります。

● ● ● 運動面からみると ● ● ●

訓練では，テーブルの上での麻痺側上肢（麻痺のほうの手）の自動運動（自分で動かす運動）のときに，体幹などで代償してしまう（手が動かずにからだが動いてしまう）ことがあります。それは上肢の

重さや抵抗によるものです。スベールは摩擦係数が低く，非常に軽い感じで滑ります。大きな力は必要ありませんので，そんな場面で比較的抵抗なく筋緊張を強めずに動かせます。運動方向はテーブルを拭くような，上肢（手）の水平内外転（手を90度，胸の高さに上げて左右に動かす運動）です。

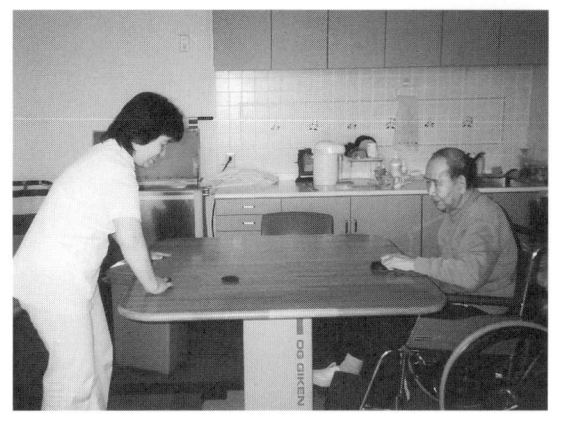

●●● **感覚認知面** からみると ●●●

ナフロン素材は身近な素材の中では一番摩擦が少ないそうです。なでるとツルツルというよりスルスルとした心地よさが感じられます。滑らせるとボールほど長く転がらず，風船ほどゆっくりではなく，濡れた石鹸ほどビュッというわけでもない。スッスーとした動きは身の回りにはない動きです。

視覚的に追視（物追う目の動き），手と協調した運動ができます。おもしろい素材ですのでいろいろ工夫してみてください。

ワンポイントアドバイス

上肢機能が，ある程度同レベルの人同士で遊ぶのが望ましいようです。レベルが違う人の場合は，大きさや握りを工夫するとよいでしょう。それから，ゲームに熱中しすぎて疲れないように。また，くれぐれも踏んで転ばないように注意しましょう。

このアクティビティ・トイをつくってみよう

ホームセンターで家具コーナーにある「ニチアス社製のカグスベール（ナフロン）」で簡単に手づくりできます。今回はエアホッケーをまねて，ラケットに「家具の足傷防止用ゴム敷」を，パックに「ゴム付カグスベール」を使いました。パックはやや重いほうが安定していいようです。テーブルはよく滑りそうなものを選び，きれいに拭いて使います。また左右はパックが落ちないように，ダンボールなどで囲ってください。

| 用意するもの | 家具の足傷防止用ゴム敷2個（ラケット用），ゴム付カグスベール1個（パック用），カグスベール1シート，はさみ，油性ペン，両面テープ |

つくり方

①シート状のカグスベールに，家具の足傷防止用ゴム敷の形を写して切り取ります。（図❶）
②切ったカグスベールを，家具の足傷防止用ゴム敷の平らな面に，両面テープで貼りつけます。（図❷）
③平らな面を下にしてラケットとして使い，「ゴム付カグスベール」をそのままパックとして使ってください。
※直系15cm程度のつけもの用のプラスチック蓋に，シート状のカグスベールを貼りつければ，ボーリングやカーリング用のパックになります。

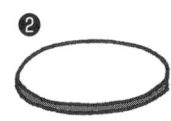
← カグスベール

← 両面テープ
← 家具の足傷防止用ゴム敷

1 おもちゃで手の運動

おもに肩や肘など上肢の関節運動の障害（廃用性や片麻痺などによる）

おもりを持った運動で腕のパワーアップ
（市販☆・手づくり☆☆☆）

❸ 棒形のお手玉
手づくりお手棒

おもちゃが促す効果	
手を使う	★★★
指を動かす	★★
足の運動	★★
見る聞く触る感覚	★★
認知構成能力	★
ヒーリング・癒し	★
コミュニケーション交流	★★

このアクティビティ・トイの遊び方

これはお手玉を長く棒状にしたものです。手におもりを持って運動することで、上肢の筋力強化に用います。ダンベルのように持って体操したり、リズムに合わせて動かしたりします。

導入のきっかけ

施設では集団で体操することがあります。ただ手を動かすのもいいのですが、より筋力が向上するように、お手棒をダンベルのようにして使います。「お手玉」は施設によくあり、お年寄りにもおなじみのものです。お手玉を工夫してつくったのがお手棒です。

このアクティビティ・トイはこういう人に

基本的には上肢（手腕）の筋力の乏しい人や、疲れやすく耐久性に欠けている人に適応します。またお手棒は握りやすいので、物を握るのが苦手な人にもよいでしょう。活動性の乏しい人や、運動不足の人にも積極的に利用しましょう。

お年寄りの様子・実践報告

「棒ふり体操」で腕の上げ下げや、手首の運動をしました。イラストのような動きを「いち、に、いち、に」と繰り返すと、10分くらいでいい汗をかいてきます。いつもの体操より、しっかりと手を上げたり、身体をひねったり、動作が大きく表現がよくできています。

つぎにリズムに合わせて、隣に座った人の肩のマッサージをしました。トントン、スリスリといい雰囲気でした。

このような効果や働きが考えられます

握りやすくて少し重い「お手棒」は、ダンベルのように上肢の運動への負荷となり、筋力強化に効果的です。特に手首の筋力アップと、運動範囲の向上が期待できます。手首がしっかりすると書字や食事などで使う、手指の巧緻性もよくなるでしょう。

それから、握ったまま腕を垂らしてブラブラすると、肩こり防止にも効果があります。ただし肩に痛みのある場合は無理をしないでください。

●●● 運動面からみると ●●●

上肢機能（手腕の動きの機能）のうちでも筋力強化を目的にしました。運動の方向（前や横、上）と、運動の持続性（前に伸ばして10秒保持するなど）を組み合わせて使います。たとえば音楽に合わせて、腕を肩から上へまっすぐに上げたり下げたりすることは、肩（三角筋など）と肘（上

腕三頭筋など）の筋力を強化します。

　腕だけでなく，体幹（からだ）を屈曲（前に曲げる）したり，回旋（ねじる）する運動では，腹筋や背中の筋肉も積極的に使います。また，回す，振る，叩く，投げるなど，いろいろな動きの手の運動ができます。

　なお，運動をするときの負荷（抵抗や重さ）は，テコの原理で運動の支点から遠いほど大きくなります。つまりお手棒を持った手の位置が，体幹（からだ）から遠ければ遠いほどきつくなるのです。

●●● 感覚認知面 からみると ●●●

　普段施設では，お手玉は簡単な活動の中で用いられることが多いものです。しっかりと手になじむお手玉は，比較的「手に持つ」ことが容易だからです。理由はお米や小豆の1粒1粒はバラバラなのに，布に包むことで適度な形に変化する塊となり，手に合ったようにしっかりと握る感覚を覚えられる道具となるからです。

　お手棒を持つことによって，手の動きの感覚，自分の手の延長としての物の知覚が感じられます。お手棒の中に入れる素材や詰め方で，重さや硬さ，大きさや形など，いろいろな触感も楽しめます。

ワンポイントアドバイス

　お手玉遊びは高齢の女性にはおなじみのものです。握る，離す，回す，振る，投げる，キャッチする，などいろいろな手の動きをしてみてください。

　注意点は，疲労と痛みに注意するということです。また急に運動をすると，心肺機能の低下や血糖，血圧なども急変することが考えられますので，医師や専門家に相談してから行ってください。

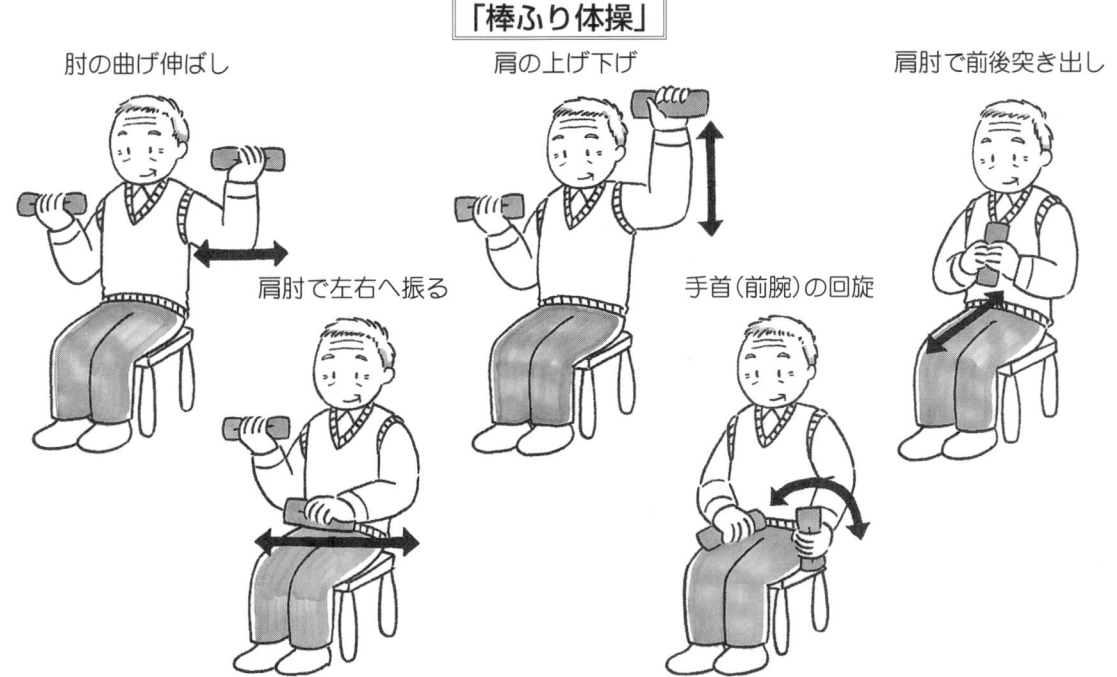

「棒ふり体操」

1 おもちゃで手の運動

おもに肩や肘など上肢の関節運動の障害（廃用性や片麻痺などによる）

肘や手首のひねりが自然にできます
（市販☆☆☆・手づくり☆）

④ ルーピング

おもちゃが促す効果	
手を使う	★★★
指を動かす	★★★
足の運動	★★
見る聞く触る感覚	★★
認知構成能力	★★
ヒーリング・癒し	★
コミュニケーション交流	★

このアクティビティ・トイの 遊び方

　ルーピングは複数の木製ビーズを通した曲がりくねった針金（ループ）に沿って木製ビーズを運ぶ遊びです。ビーズコースターとも呼ばれます。小さなものから大きなものまで様々ですが，ここでは約50cm四方の比較的大きなものを使いました。

導入 のきっかけ

　座って何かをつくるときに，手指の動きが悪くて創作活動が難しい人がいらっしゃいます。そんな人にもできる，手の動きをいろいろな方向へ誘導するアクティビティ・トイです。

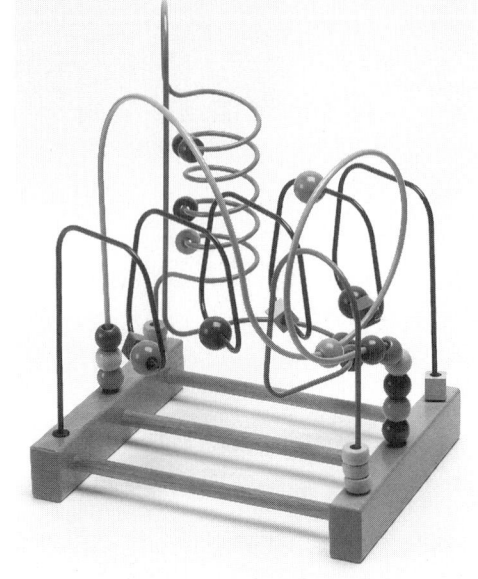

このアクティビティ・トイは こういう人に

　上肢（手腕）の可動域（関節の運動範囲）に制限のある人，特に前腕の回旋（ひねり）や，手首の運動に制限がある人に適応します。片手でできますので利き手交換（利き手を替える訓練）の人にも適応します。

　空間知覚（奥行きや位置を認識する感覚）では，ルーピングの空間を上下左右に，能動的な運動が行えますので視空間認知に問題のある人（見落としのある人）などの訓練にも使えます。

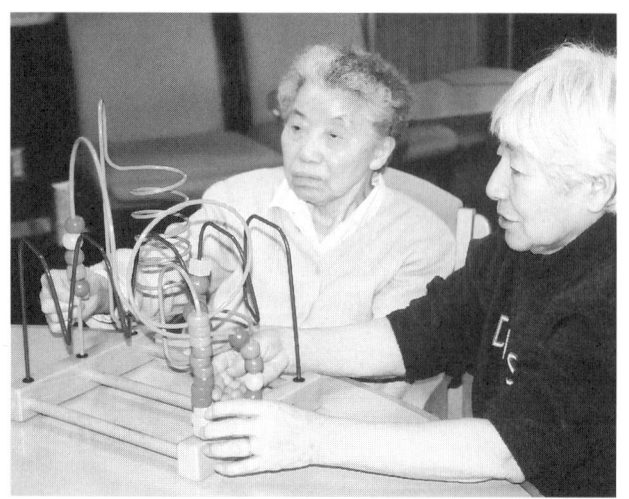

お年寄りの様子・実践報告

　ゲーム性もなく単純にループに沿って木製ビーズを運ぶだけですが，自分のペースでひとりコツコツと，熱心に行われています。単純なわりには飽きもなく，木製ビーズをひとつひとつ運んでいます。特にコミュニケーションを図ることもないのですが，そのことがかえって集中力を高めていると考えられます。

このような 効果 や 働き が考えられます

あまり大きな運動ではありませんが，木製ビーズを運ぶだけで肘関節と前腕（肘と手首の間），手関節（手首）の協調した動きが促されます。手首をひねりながら肘を伸ばすような動きが，自然にできます。日常的にはスプーンを持って食べることや字を書くときなどに必要な，肘と手首の巧緻性の向上が期待されます。立った状態で訓練に使えば，下肢（足）の強化にも間接的な効果が考えられます。

●●● 運 動 面 からみると ●●●

運動の方向が，ループの曲がり方によって随時変化していくという特性を持っています。はじめ前腕回外（手のひらを上にする方向）で把持したビーズが，針金を通していくうちに回内方向（手のひらを下にする方向）へ，また尺屈（手首の小指側への曲げ）方向へ，運動方向の変化が求められていきます。

思い切った使い方ですが，下図のように小さなルーピングごと両手に持って回し，ルーピングを上下や左右に傾けたりすると，前腕や手関節のダイナミックな動きが可能となります。

●●● 感覚認知面 からみると ●●●

ルーピングのループは何本もあってそれぞれ色が異なり，1本1本のループに通っている木製ビーズも形と色に種類があります。ループの曲がり方も不規則です。つまりルーピングの中はすごくにぎやかです。色や形の識別，ループの曲線ルートの視覚的な感覚が求められます。そして動かすことによって，視知覚と同じ空間感覚，つまり奥行きや左右の動きがからだで感じられます。妨害的（じゃまするように）に配置されたにぎやかな空間から，ひとつビーズを選び出し，ループの中を運んでいくことで，視知覚と運動の照合的な（目で見た感じを動かして確認するような）動作が期待されます。

またルーピングは構成的な創作的活動ではなく，単純な運動です。しかしひとつひとつの木製ビーズはあたかも構成的にループの中を運ばれていきますので，知覚上は構成しているように感じられるでしょう。

ワンポイントアドバイス

立って行うときも，座位で行うときも，姿勢が安定するように配慮しましょう。また土台が軽いものの場合は，滑って動かないように滑り止めなどしてください。

ルーピングは小さいものより，大きいものの方が，より大きな上肢運動ができます。値段的に少し高くても，やや大きくてしっかりしたものの方が使いやすいようです。

2 おもちゃで指の運動

おもに手指の関節運動の障害（廃用性や片麻痺などによる）

指先のつまみが器用さのポイント
（市販☆☆☆・手づくり☆）

❶ チロリアン・ルーレット

おもちゃが促す効果	
手を使う	★★★
指を動かす	★★★
足の運動	★
見る聞く触る感覚	★
認知構成能力	★★
ヒーリング・癒し	★
コミュニケーション交流	★★★

このアクティビティ・トイの遊び方

コマを回して，赤や白の小さな玉を弾かせます。30や100といった数字の書いてある溝や穴に，玉が入れば得点できます。溝にくらべて穴のほうが高得点なので，入ればラッキーです。勝つか負けるかは「コマまかせ」ですが，負けると妙に悔しいゲームです。

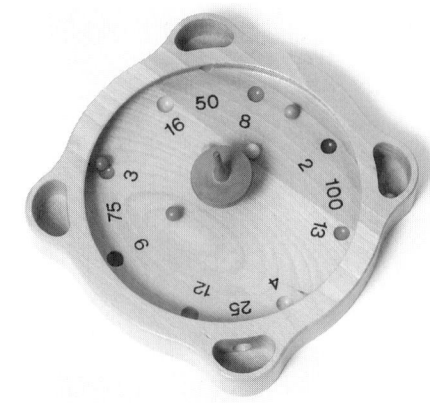

導入のきっかけ

コマ遊びは，子どもの頃からなじみのあるものです。このアクティビティ・トイはルーレットなのでギャンブル性があり，男性が楽しめるのではないかと思い，指先の巧緻性の訓練として導入しました。

このアクティビティ・トイはこういう人に

指先のひねりの入る，難しい巧緻動作ですので，軽度の片麻痺の人（手を握って開ける人や，つまめる程度の人）や動きが不器用な感じの人に適しています。麻痺の重い人には麻痺のないほうで行います。点数の計算もあるので，記憶や注意などの高次機能，知的機能の維持という点から，軽い認知症の人にもお勧めです。

お年寄りの様子・実践報告

指先をひねる巧緻性が必要なので，普段の生活ではあまり不自由を感じない方でも，コマを勢いよく回すことにとまどっていました。うまくできなくても「もう1回」というふうに，がんばりがみられました。

コマが長く回っていないと，玉が溝や穴に入るチャンスがないので，みなさん必死に長く回そうとしていました。はじめは指先の不器用さでうまく回らなかった方も，昔行った経験からでしょうか，徐々に上手になってきていました。ある程度コマを回せるようになると盛り上がってきて，他の人のときも交流が活発です。男性は特に熱心に行われていました。赤い玉が2倍，緑の玉はマイナスなどの基本ルールにしたら，スタッフも電卓が欲しくなるほどでした。もちろんオリジナルでルールを決めて遊んでも楽しめます。

チロリアン・ルーレット

このような 効果 や 働き が考えられます

　指先の巧緻性は「小さい物をつまむ」という，日常的に重要な動きです。たとえば食事ではお箸を使ったり，着替えではボタンやファスナーを使わなければなりません。お菓子の袋やボトルの蓋を開けるときにも，指のひねりの入った巧緻運動が必要です。このアクティビティ・トイではそのような動きが練習できます。

●●● 運動面 からみると ●●●

　コマや玉のつまみには，母指（親指）と示指（人差し指）で指腹つまみ（指でつまむ）をします。コマを回す動作には，手指の回旋，つまり母指と示指のひねりが必要です。コマを勢いよく回すため「つまみながらひねって離す」という，協調的な母指と示指の運動が求められます。

　手関節の尺屈（手首を小指の側へ曲げる）の活動もあります。個々の運動は比較的単純ですが，母指，示指，手関節など活動するタイミングや力の入れ具合など協調した活動がなくてはうまく回りません。

●●● 感覚認知面 からみると ●●●

　コマに弾かれた玉が穴や溝にうまく入れば点数になるので，玉の動きを見る興味が生じます。玉を追う注意や，視覚的に追視の活動がみられます。さらに入った玉の種類の識別と計算など，高い知的機能が求められます。

　数人でゲームとして行うので，交流面では小集団の関係性において，競合的あるいは協調的な対人行動が期待されます。

　勝負の結果は玉の入る偶然性なので，ギャンブル性があり，上手に回したからといって必ずしも得点が高いわけではなく，指先の巧緻性には直接関係ないのもおもしろい点です。

ワンポイントアドバイス

　このアクティビティ・トイは，男性向きのギャンブル性を持った遊びです。指先の巧緻運動としてははじめは難しいのですが，徐々にうまくなりますので，根気強くやってみてください。対人交流，コミュニケーションも活発に図られますが，あくまで遊びにしておかないと勝ち負けでトラブルにならないとも限りませんので，スタッフも参加してやってみてください。お菓子などを賞品にしたり，罰ゲームを決めてやると，さらにヒートアップします。

2 おもちゃで指の運動

おもに手指の関節運動の障害（廃用性や片麻痺などによる）

手と指を使ってきれいな織物作り
（市販☆☆・手づくり☆☆）

❷ 卓上織機「イネス」

```
   おもちゃが促す効果
手を使う          ★★
指を動かす        ★★★
足の運動          ★
見る聞く触る感覚  ★★
認知構成能力      ★★★
ヒーリング・癒し  ★
コミュニケーション交流 ★
```

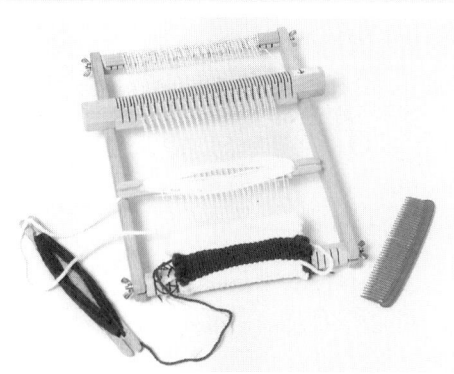

このアクティビティ・トイの 遊び方

　イネスはドイツ製の卓上式織機です。三角錘の形の綜絖（そうこう）を動かして縦糸を上下させ，縦糸の間に緯糸（横糸）を巻いた杼（ひ）（シャトル）を通します。その綜絖を回すことによって，縦糸が上下逆になり，緯糸を編み込みます。イネスの優れた点は，はじめから整経（せいけい）（縦糸のセット）されていること。購入してすぐに緯糸を編み込むことができるので，早速ランチョンマットやテーブルセンターをつくってみましょう。

導入 のきっかけ

　スタッフのみなさんは，「利用者さんに何かやりがいのあるものを……」と頭を悩ませていらっしゃるのではないでしょうか。そこで作業療法のアクティビティとして，おもちゃ仕様の「織機」を用いて「織物」を導入してみました。

このアクティビティ・トイは こういう人に

　両手で行う場合は，片麻痺の人の中でも軽い麻痺の程度（つまめる程度）の人に適応します。片手でもできますが，機能の高い人にやっていただいたほうがいいでしょう。そのほか，全般的に手の動きが不器用な感じの人の訓練にも適します。また，時間のかかる反復動作なので座位の耐久性のある人，個人で創作を楽しむ活動が好きな人にいいでしょう。

お年寄りの様子・実践報告

　織り始めはコツがつかめず，織り幅にムラがあったり，縦糸を1本抜かしてしまうという失敗がみられましたが，徐々に織り目も整って幅も均一となりました。利用者が右片麻痺（右側の手足の麻痺）のため左手のみでの作業でしたが，織り進めるごとに出来映えが確認できて，達成感を味わうことができたようです。

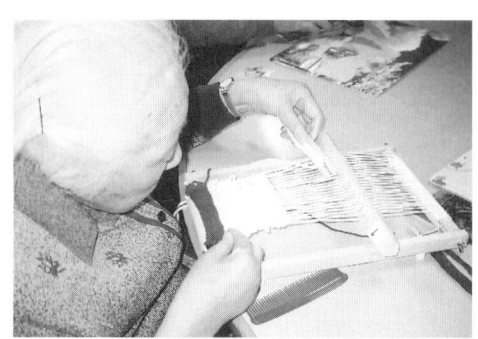

このような 効果 や 働き が考えられます

　手を右から左へ反復して動かすことによって，肘や手首の関節を動かします。あわせて比較的長い時間座って行いますので，食事や書字のための座位の確保にもつながります。作品には芸術性，創造性が発揮でき，感情の発散につながります。作業中は理解力や集中力を養え，作品の完成による充実感や満

足感が味わえます。

●●● 運動面 からみると ●●●

基本的に反復運動です。手指の巧緻性，上肢（肩や腕，手首）の可動性（関節の運動）や筋力の向上，目と手の協調性，両手協調運動（左右の持ち替え），座位の耐久性など，いろいろな運動の要素が含まれます。

●●● 感覚認知面 からみると ●●●

卓上式織機を使った経験のある方はわかると思いますが，織るときに杼（横糸）の入れ具合が一定でないと美しい仕上がりになりません。視知覚（見て判断すること）と協調した上肢（手や腕，指）の活動によって，力の入れ具合といった運動の感覚も求められます。

作業工程を通してどのような作品をつくるかという創造性や，座って単純な動きを行う集中力が必要です。整経から行う場合，糸の本数や長さなどに構成能力が必要になります。

作品の完成後は，満足感や達成感が得られ，自信につながっていくことでしょう。

> **ワンポイントアドバイス**
>
> 一度作業の流れを覚えると，失敗が少ないのが特徴です。遊んでいるというよりも，作品を作っているという感覚です。作品完成のコツは，時間をかけて丁寧に行うことです。
>
> 注意点としては反復動作で集中力が必要な分，目や筋肉の疲労に注意してください。比較的単純な工程ですが，認知に問題がある人には難しい場合がありますので，自尊心を傷つけないように辛抱強く指導してください。

このアクティビティ・トイをつくってみよう

ダンボールと園芸用の名札を使い，簡単な織機を手づくりします。横糸に毛糸の他，木の枝や裂いた布を織り込んで，素敵な作品をつくりましょう。

■ **用意するもの** ■ ダンボール21cm×21cm，たこ糸，園芸用のプラスチック製の名札，横糸にするためのひもや毛糸，はさみ，セロハンテープ

つくり方

①図のようにダンボールの四隅をカットし，上下のみ1cm間隔で，深さ5mmの切り込みを入れます。点線にそって折り，箱型に組み立てて，セロハンテープでとめます。（図❶）
②たこ糸の端を箱の裏側にセロハンテープで止め，たこ糸を箱にぐるぐると巻き付けるようにして，糸を張ります。全部張り終えたら，逆の端も，箱の裏側に止めます。（図❷）
③園芸用のプラスチック製の名札に穴をあけて，杼にします。穴にひもや毛糸を通し，縦糸の上，下，上，下と交互に杼を通します。（図❸）
④2段目は，1段目の上下とは逆に杼を通してきます。横糸の種類を変えたり，木の枝などを通すときにも，同じようにします。
⑤下まで織り終えたら，箱のまま飾るか，箱の裏に回っている糸を真ん中で切り（図❹），縦糸を隣同士で結び，フリンジにします。

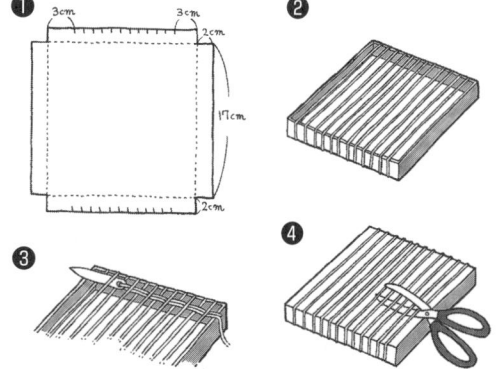

2 おもちゃで指の運動

おもに手指の関節運動の障害（廃用性や片麻痺などによる）

形あてゲームで指先の活性化
（市販☆☆☆・手づくり☆）

❸ 手探り形合わせ

おもちゃが促す効果
- 手を使う　　　　　　★★
- 指を動かす　　　　　★★★
- 足の運動　　　　　　★
- 見る聞く触る感覚　　★★★
- 認知構成能力　　　　★★
- ヒーリング・癒し　　★
- コミュニケーション交流　★★

このアクティビティ・トイの遊び方

絵カードをめくって，そこに描かれた形と同じ形の木片を，布の袋の中から手探りで探すというゲームです。袋には四角や丸，三角，動物や木などの形のカラフルな木片が20個ほど入っています。

導入のきっかけ

手探りで形を探り当てるゲームを通して指先の活性化を図ります。

指先を動かさなければ，触っているものはわかりません。そして触り続けるためには，指は動き続けなければならないのです。「触る」ということと「動く」ということは同時におこっています。指先の動きが鈍いと感覚も鈍くなり，感覚が鈍いと動きも鈍くなります。指先の感覚を活性化して，細かな手の動きができるようにしましょう。

このアクティビティ・トイはこういう人に

手や指先の感覚の鈍い人に適応します。感覚に軽度の麻痺があって，ぎこちなさや不器用さがみられる人です。まったく感覚のない人にはできません。

認知症などで，触った形のイメージを想起（想像）しにくい人にもいい訓練になります。触ったものはどんな形かな？　という，形の判断を促します。

お年寄りの様子・実践報告

けっこう難易度の高い遊びです。今回は，普段手指の動きに不自由なく，日常生活でも自立している人に挑戦していただきました。

袋に手を入れて「これだ！」と思って取り出しますが，なかなか当たりません。個数を減らし，丸や四角などの簡単な形に絞って行ってみると当たるようになりました。「難しいなー」と言いながら，何回も頭を使って挑戦していました。

グループで行ったときには，得点を競うように，「また違った。これかな？」と盛り上がっていました。個人でもグループでもできますが，グループで交代しながらやったほうが楽しそうでした。

手探り形合わせ

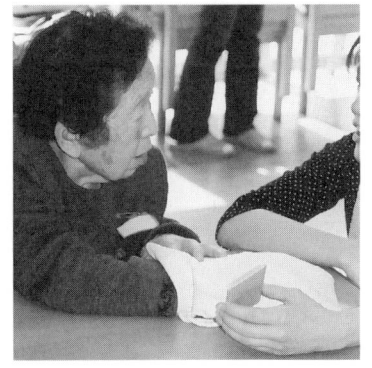

このような 効果 や 働き が考えられます

指先に感覚が集中し，触った形を頭の中で考えるので，指先と脳（体性感覚野や視覚野など）が活性化します。指先の動きが活性化すると箸使いや字を書く，小さいビーズを通すなどの動作がしやすくなります。また，形を頭の中で思い浮かべることには想像力（イメージ能力）が必要ですので，その部分の脳が活性化します。言葉や数字だけでなく，形や素材の記憶に関連する部分の脳の活性化も日常生活には必要です。お箸やお茶碗を見たときに，パッと形のイメージができて持ち上げることができます。

●●● 運動面 からみると ●●●

運動的には木片を手のひらに包むようにしながら，指で転がします。そのとき手指でつかむ，ひねる，つまむというような「手探り」をして形を識別します。形を識別するためにはいろいろな指の動きが必要で，それが手指の巧緻性の向上につながります。たとえば丸と三角の違いを識別するには角を識別しなければなりません。指の曲げ具合と，かける力の強さを調整することで，角があることがわかります。そして角が3つあれば，三角形ということになるのです。

ちなみに柔らかいものや硬いものなど，素材や手触りが異なる場合，識別するためにはより微妙な手の屈曲の力加減（運動感覚）が必要です。つまり能動的な触（アクティブタッチ）と，運動覚をともなう触運動感覚（ハプティックタッチ）で探索活動（手探り）を行うことは，手指の巧緻性に関係するのです。

●●● 感覚認知面 からみると ●●●

運動面と重複しますが，手指を動かしたときの，感覚からの運動のフィードバック（動いた感じを感覚で確かめること）を行うことが重要です。このときに必要なのは，触ったものを実際に見て確認することです。たとえば，描かれた形を見ながら手探りで探し，取り出した形が合っているかどうかは，結局，見た目からのフィードバックの正確性が必要なのです。つまり触知覚的形態情報（触って判断される形）と，視知覚的形態情報（見た目で判断される形）の照合，触った感覚とイメージが正しいかどうかが重要なのです。

ワンポイントアドバイス

いわゆる触覚のレベルがどの程度なのか，まず把握しましょう。やってみるとわかりますが，意外と難しいです。簡単な形を集めて，数を少なくしたものから始め，疲労やストレスにならないように注意しましょう。

また，身近なものを袋の中に入れて，あてっこするようにすると，より簡単にできます。その場合は危険がないようなものにしてください。

2 おもちゃで指の運動

おもに手指の関節運動の障害（廃用性や片麻痺などによる）

つかんで離す。反復動作の繰り返し
（市販☆☆・手づくり☆☆☆）

❹ ペグボード

おもちゃが促す効果

手を使う	★★
指を動かす	★★★
足の運動	★
見る聞く触る感覚	★★
認知構成能力	★★
ヒーリング・癒し	★
コミュニケーション交流	★

このアクティビティ・トイの 遊び方

写真を見て「ペグボードっていうんだな」と思った方もいると思います。今回は手作りのものをご紹介します。赤，青，黄の格子状のボードに，ペグと呼ばれる小さな棒を色を合わせて並べたり，ひっくり返したりします。ペグ（Peg）とはもともと，板をつなぎ合わせたり，穴に打ち込んだりするための木釘やくい，栓等のことです。

お年寄りの様子・実践報告

作業療法の場面で，机を前に座ってやっていただきました。やや手の動きが悪いのですが麻痺はなく，軽い認知症で活動性が低い人です。あまり自分からお話しされませんが，はじまってからも黙々とペグをひっくり返していました。10分ほどで返し終わり，やはりご自分からお話しされませんでしたが，表情はおだやかで，達成感を感じられているようでした。

導入 のきっかけ

作業療法施設のみならず，見かけることがあると思いますが，病院などの作業療法場面でも患者さんがペグボードをやっていると，「訓練しているな，頑張って！」というイメージです。ペグボードは動きは単純ですが，手指の訓練になります。

このアクティビティ・トイは こういう人に

ペグをつかんで運び，離すだけの比較的単純な運動ですが，片麻痺でも，比較的麻痺の軽い人に適応します。

ほかにも，座る訓練や立つ訓練の際によくペグボードを使いますので，座位，立位の耐久性の低い人にお勧めです。ボードの大きさや色の構造から，軽度の高次脳機能（空間認識）障害や，認知症の人にも使われます。

このような 効果 や 働き が考えられます

運動面では手指の巧緻性，特に持ち替えという難しい要素が組み込まれています。同じ動作の反復運動による耐久性や，上肢（肩や

肘，手など）の筋力の向上も期待されます。
　立位テーブルなどで立って行う場合は，下肢（足）の筋力やバランスの向上に役立ちます。

●●●　運 動 面 からみると ●●●

　基本的には，手を伸ばしてペグをつかんで運ぶ，もしくはひっくり返して置く，という上肢（肩や肘，手指）全体の運動が必要です。特に持ち替えるときには，手指のひねりなどの巧緻性が必要です。

●●●　感覚認知面 からみると ●●●

　ペグといっても太さや長さ，色，差し位置にいろいろなタイプのものがあります。円柱状のシリンダータイプでは，高さや長さ，太さ，色の認識，模様識別ができます。材質では木やプラスチック，金属など，硬い素材のものが多いようです。
　ペグボードは一般的に，子どもの分野では知育玩具として使われています。たとえば生後18カ月くらいの子どもに対し，「同じ色の仲間集めができるかな？」と問いかけ，高さや数の概念形成，色の識別などの概念を学習させるために用います。

ワンポイントアドバイス

　ペグボードを使った活動は，地味で単純なアクティビティですが，この程度の活動があう方もいらっしゃいます。ペグは難易度などの段階付けがしやすい活動といえますが，どのように発展させるか，スタッフとして腕の見せ所でしょう。
　また繰り返しの動作ですので，手首や手指の疲労や痛みに注意してください。
　基本的にはひとりで行う訓練ですが，何人かで共同で行っても楽しいです。

このアクティビティ・トイをつくってみよう

　カラフルなペグボードを手づくりします。面ファスナーをつけることで，ペグを板から外すときに負荷がかかるようになります。

■ 用意するもの　　木の板 45cm × 45cm，直径3cm の木の棒3m24cm，赤・青・黄のペンキ，小さな釘，面ファスナー，のこぎり，かなづち，ハケ，接着剤

つくり方

①木の板に，5cm 間隔でたてよこに線を引き，赤・青・黄のペンキで塗り分けます。（図❶）

②直径3cm の木の棒を4cm 幅に切り，赤・青・黄のペンキで塗ったものを，それぞれ27本作ります。

③面ファスナーのやわらかいほうを板に，硬いほうを棒に，接着剤で貼り，さらに小さな釘でしっかり止めます。（図❷）

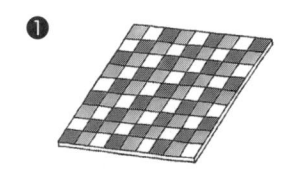

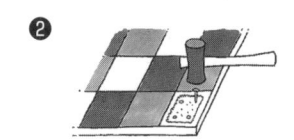

3 おもちゃで足の運動

おもに立位や歩行など足，下肢の運動の障害（廃用性や片麻痺などによる）

タイミングをあわせて足の上げ下げ
（市販☆☆・手づくり☆☆☆）

❶ キックでポン

おもちゃが促す効果

手を使う	★
指を動かす	★
足の運動	★★★
見る聞く触る感覚	★★
認知構成能力	★★
ヒーリング・癒し	★
コミュニケーション交流	★★

このアクティビティ・トイの遊び方

シーソー状の板と，軽めのボールで遊びます。板の上のほうからスタッフがボールを転がし，ボールが板の下の端に転がってきたタイミングに合わせ，板の上の部分を踏みつけます。タイミングがぴったり合えばボールがポーンと高く跳ね上がります。しかし，タイミングが早すぎるとあまり跳ねませんし，遅すぎると板から落ちてしまいます。

立った状態でも座った状態でもできます。

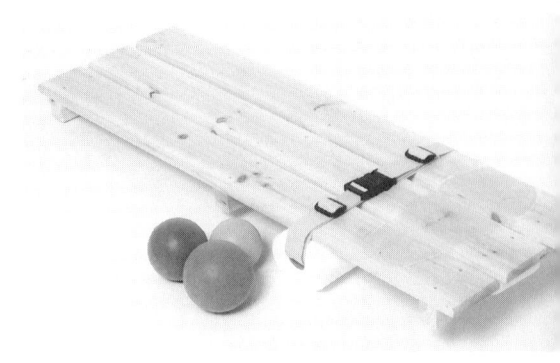

導入のきっかけ

歩行が不自由な人の多くは「歩きたい！」と願っています。歩くためにはもちろん足が動かなければなりません。普段あまり動かしていない足を楽しく動かしましょう。

このアクティビティ・トイはこういう人に

とにかく下肢（足）の運動性を促す活動です。足の運びがおぼつかない人やしっかり足を上げて歩けない人，杖や手すりを使って立ったり歩いたりする人に適しています。片麻痺で緊張の強い人は，麻痺のないほうの足を使います（麻痺側は支持します）。

お年寄りの様子・実践報告

片麻痺の利用者さんに，立位で横の手すりにつかまりながら，麻痺側を支持（踏ん張る足）して，麻痺していない側で踏みつけていただきました。手すりにしっかりつかまって，タイミングよく板を踏み，転がってきたボールを跳ね上げようとします。はじめは全くと言っていいほどタイミングが合わず，四苦八苦していましたが，何度も繰り返しているうちに板を踏むタイミングが合ってきて，真上ではないのですが跳んでいくようになりました。徐々に足の上げも高くなり，全体的にからだも伸びてきたようです。

このような効果や働きが考えられます

普通歩くときには，片方の足を前に出し，もう片方の足はしっかり支えていなければなりません。足を前に出すステップでは下肢（足）を持ち上げる筋力やタイミングを合わせる協調性，支えるほうの立ち足ではからだを支える筋力とバランスの調整が働きます。

●●● **運動面**からみると ●●●

特に片麻痺の人は，麻痺側のステップ（踏みつけ）では麻痺側の「運動性」の向上，非麻痺側のステップでは麻痺側の「支持性」の向上を目的とします。「運動性」では下肢の

屈曲（股関節，膝関節，足関節など足を曲げて上げること）とそれに必要な筋力強化，踏みつけるときのタイミングの測り方と下肢の伸展（足を伸ばすこと）が必要です。「支持性」ではバランスよくしっかり立つこと，それには体幹（からだ）から臀部（お尻），下肢に十分な筋力が必要です。片麻痺では「連合反応」（動かそうとしたり頑張ると力が入る反射）による過緊張（筋肉が無意識に収縮して硬くなる状態）を引き起こしますので，からだの支え（介助）やボールのスピード調整が必要です。

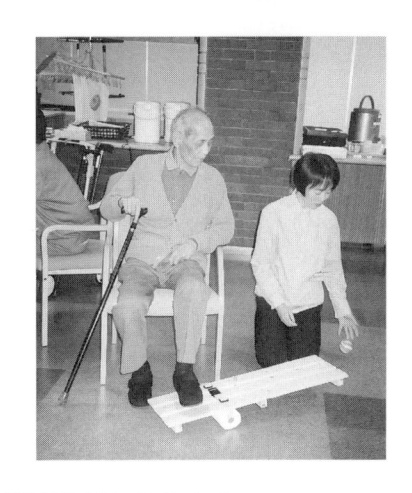

● ● ● **感覚認知面** からみると ● ● ●

あまり日常的には経験することがないと思いますが目と足の協調性がねらえます。

下肢（足）を上げた状態（構え）でボールの動きを目で見ながら，スピード，方向，タイミング，力加減を見計らい，協調して足で板を踏みつけます。この活動の特徴として踏みつけるチャンスは1回しかありませんので，運動も1回でしなくてはいけません。これはフィードバック（目で見ながら動きを調整する）というよりフィードフォワード（目で見てこのくらいかと運動を決めて動く）の活動です。この活動は歩行のような自動的な運動とは異なりますが，繰り返し行っているうちに少しずつタイミングが合ってくる，学習効果（うまくなること）がみられます。

ワンポイントアドバイス

足を動かすと，エネルギーを多く使います。ましてタイミングを計るプレッシャーもありますので，血圧や脈などの急激な変化には特に注意してください。それから腰，膝の痛みのある場合も注意が必要です。後から痛みがひどくなるようなケースもありますので，専門の先生の指導を受けるようにしてください。

このアクティビティ・トイをつくってみよう

市販のものもありますが，単純な構造ですので手づくりできます。道具はホームセンターでそろいますので，つくってみてください。

■ 用意するもの ■ すのこ，すのこの幅と同じ長さの直径10cm程度の筒状のもの，クッション，バンド，ペンキ，ガムテープ，ボール

【つくり方】

①すのこの端のほうに足型を描きます。（図❶）
②足型を描いた側の端から1/4くらいの位置に，直径10cmくらいの筒状のものをバンドで取りつけます。ここでは食器棚に敷くビニールシートを，ロールのまま用いていますが，ラップの芯に新聞紙やタオル，ビニール袋を組み合わせて巻きつけてもいいです。（図❷）
③すのこの足に薄くクッションをつけます。（図❸）

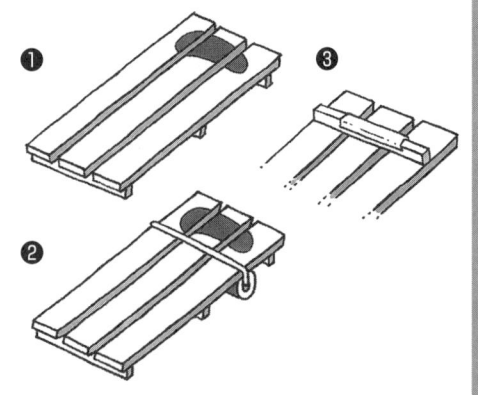

3 おもちゃで足の運動

おもに立位や歩行など足，下肢の運動の障害（廃用性や片麻痺などによる）

グラグラしない足首とバランス反応の強化
（市販☆☆・手づくり☆☆☆）

② グラット

おもちゃが促す効果	
手を使う	★★
指を動かす	★
足の運動	★★★
見る聞く触る感覚	★★
認知構成能力	★★
ヒーリング・癒し	★
コミュニケーション交流	★★

このアクティビティ・トイの遊び方

似たような機能で市販されているものもありますが，今回は手づくりのものを紹介します。大きめの円盤の下には球状の突起がついていてグラグラします。円盤の上には足を乗せる台があり，手すりにつかまりながらそこに両足を乗せ，ピンポン玉を迷路状の溝に沿って板の外に転がり出ないようにうまく転がして遊びます。

導入のきっかけ

足部（足首から指先までの部分）はしっかり体重を支えることに加えて，底背屈（曲げ伸ばし）や微妙なひねりなどの動きもする大事な部分です。

普段の生活では足を動かしても足部を気にして使うことはあまりありませんが，近年ではフットケアなども流行し，下肢（足）のうちでも足裏（足底）や足首の状態が注目されています。そんな足部をうまく動かして遊ぶアクティビティ・トイを紹介します。

このアクティビティ・トイはこういう人に

歩くときに足を引きずるように歩く人やつま先が上がらない人，床を足が離れるとき（離床期）に足の蹴りが弱い人など，足部の可動性（関節の動き）や運動性がよくない人に適応します。片麻痺などで立ったときに尖足位（足先が突っ張った状態）になる人には難しいです。

このような効果や働きが考えられます

足首が曲がらないとスムーズに歩けません。普段動きが乏しく硬くなっている足首が，柔らかくなることが考えられます。足底の感覚も活性化することで床面の微妙な変化もうまく捉えやすくなるでしょう。足首の動きと足底の感覚を活性化することで，立位でもバランスを取りやすくなり，つまずきにくく転びにくくなることが考えられます。

お年寄りの様子・実践報告

はじめに座って靴をぬぎ，両足をグラットに乗せます。乗せただけでグラグラするので，真っ直ぐにするのも大変です。ピンポン玉を乗せ，足に神経を集中して，ピンポン玉を外に転がらないように，板を傾けていきます。マッサージ効果があるという，イボイボのついた足底板が「刺激になるー」と好評で，実際に，「足が軽くなった」と言っていただけました。

グラット

●●● **運 動 面** からみると ●●●

　このアクティビティ・トイでは，足底の接地面の傾きを膝や腰部で協調して運動することが要求されます。足部は26個の小さな骨でできています。足首は普通，背屈（足首が上に曲がること）は約20度，底屈（下に曲がること）は約45度です。

　立脚期（踏ん張るとき）にはしっかり支える下腿（ふくらはぎ）の下腿三頭筋のパワーに注目しましょう。座位では足部への体重移動を自発的，選択的に行うことができます。

●●● **感覚認知面** からみると ●●●

　立位でも座位でも接地面である足底の筋や腱，皮膚などからの情報は重要です。たとえば砂利の上を歩くときとジュータンの上を歩くときでは，その状態の違いに気をつけながら歩きます。このように接地している面の情報がどのように知覚されているかというのは，足部から上の膝や股関節，体幹（からだ），頭部に大きく影響を与えます。足底，足首とその周囲の筋の感覚情報を十分に知覚して，どう適応すればいいか，どう反応すればいいかを覚えることが必要なのです。

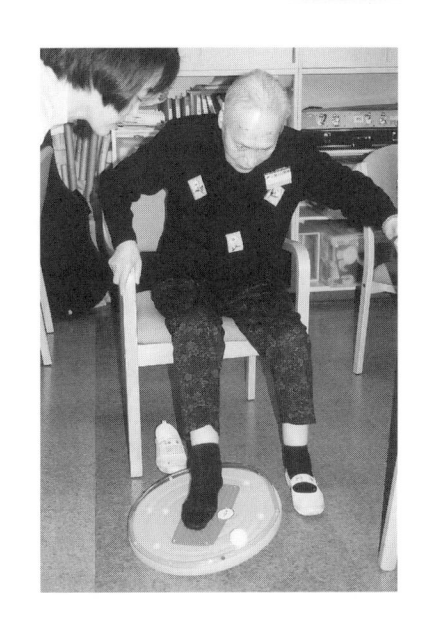

ワンポイントアドバイス

　必ず安全に配慮し，手すりなどにつかまって，ゆっくり立ってください。立てない人は無理せず，椅子に座って足を乗せましょう。麻痺のある人は尖足位（足先が突っ張る状態）になってしまうことがあります。あらかじめ徒手的（マッサージなど）に，足部を柔らかくしてから乗ってください。また，足を置く部分にタオルなど，柔らかいものを敷くようにしてください。

このアクティビティ・トイをつくってみよう

　海外でつくられた機能的でかっこいい既製品もありますが，今回はつくってみましょう。必要な物はすべてホームセンターでそろいます。

| 用意するもの | 直径40cm程度のつけもの用のプラスチック蓋，直径7cm程度の鍋の蓋のつまみ，椅子の足を取りつける金具，マッサージ効果のある足底板，細いホース，ピンポン玉，ネジ，接着剤，ドライバー |

つくり方

①椅子の足を取りつける金具に，鍋の蓋のつまみを取りつけます。さらにそれを，つけもの用のプラスチック蓋にネジで取りつけます。（図❶）

②つけもの用のプラスチック蓋の逆の面のへりに，輪にしたホースを取りつけます。中央には足底板をつけます。（図❷）

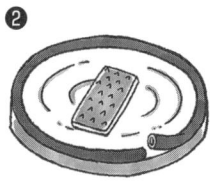

❶ ← 鍋の蓋のつまみ
← 椅子の足を取りつける金具
つけもの用のプラスチック蓋

❷

3 おもちゃで足の運動

おもに座位姿勢の障害（廃用性や片麻痺などによる）

しっかり足で踏ん張って座りましょう
（市販☆☆☆・手づくり☆☆）

③ 魚釣りゲームと輪投げ

おもちゃが促す効果	
手を使う	★★★
指を動かす	★
足の運動	★★★
見る聞く触る感覚	★★
認知構成能力	★
ヒーリング・癒し	★
コミュニケーション交流	★★

このアクティビティ・トイの遊び方

　魚釣りゲームも輪投げもテーブルをはずして椅子に座った状態で行います。魚釣りゲームでは床の上に目標となる魚を置き，床の上の魚を竿でつり上げます。輪投げでは，1～2メートル先に置いた棒に輪を投げ入れて得点を競います。

導入のきっかけ

　普段から足をきちんとつけて座ることは重要です。座ることは日常生活の中では基本です。ご飯を食べたり話をしたり着替えやトイレなど，うまく座ることでできている活動がたくさんあります。しかし，うまく座れないと逆にできることが制限されてしまいます。魚釣りと輪投げという比較的地味なアクティビティ・トイですが，座ることに注目してみました。しっかり足で踏ん張って座りましょう。

このアクティビティ・トイはこういう人に

　このアクティビティ・トイは，うまく座れない人に適応します。普段座っているときの姿勢が手で支えないと倒れてしまう人，腰が曲がっている状態（脊柱円背，骨盤後傾）で後ろに傾いている人，前方に体幹（からだ）をもってこられない人，足で支えられない人などです。支えないと座れない人がやる場合は，支えや介助があることが条件です。前方に体重移動（前かがみ）をするときによく用いられる活動が，輪入れ（すぐ近くに置いた棒に向かって輪を投げずに入れる）です。片麻痺の人では輪投げは手放すタイミングが難しいので，輪入れを行うことが多いです。

お年寄りの様子・実践報告

　魚釣りゲームをしていただきました。座るのが大変な座位保持の難しい人です。そっと後ろや横に座り，座位そのものを介助します。腰が曲がって（脊柱円背，骨盤後傾）いるので，体幹（からだ）を無理に前に持ってくると怖がるような状態です。足を床に着けることができません。そこで釣竿をもっていただき，床の上に置いた魚を見てもらって（ここが重要です）ゆっくりとからだを前に誘導すると，抵抗なく足を踏ん張っていました。
　自力で座位保持のできるグループではほとんどの人が徐々にからだを曲げるようなり，しっかり足を踏ん張ってより遠くまで手を伸ばしていました。

魚釣りゲームと輪投げ

> **このような 効果 や 働き が考えられます**

普段手で支えないと座れない人は、しっかり座ることで手が自由に使えます。手が自由に使えるということは食事や書字、着替えなどでの活動が楽になります。手を伸ばすときにはしっかり足で踏ん張って体幹（からだ）を支えなければいけません。足を踏ん張って支えることは下肢（足）大腿部の筋力強化に効果的で、立ち上がりの練習にもなります。

●●● 運動面 からみると ●●●

良くない座位姿勢では腰が曲がっている（脊柱円背、骨盤後傾）ことが多くみられます。車椅子などでは背もたれがある分、後方へ押したりして姿勢を固定しているので、下肢、足部への体重移動（踏ん張りなど）はされません。端座位（背もたれなし）では足部が接地していても、突っ張って尖足位（足先が突っ張った状態）になっています。この姿勢から立ち上がることは困難です。

床の上を使った「空き缶積みゲーム」（床の上に空き缶を倒さないでできるだけ高く積み上げるゲーム）では、どんどん目標が上へ上へと上がっていきからだは上へ伸びてきます。一方、魚釣りゲームは前のほうと下のほうへのアクティビティです。つまり足への体重負荷、足での踏ん張りが持続されます。

●●● 感覚認知面 からみると ●●●

座位では座骨、仙骨部（お尻）から大腿部後面（太もも）、足底（足裏）の接地の状態と、前後左右へのバランス（体性感覚（触覚）、視覚的な立ち直り反応）など、感覚から得られる姿勢の情報も必要です。

魚釣りゲームでは釣り竿と魚を見つづける視知覚や注意力や集中力が必要です。特に釣り竿は揺れますので追視（目で追う）は大変です。

> **ワンポイントアドバイス**
>
> 手を自由に使うためには、しっかり座ることがポイントです。たまにはテーブルを取り払って、前方や下方へからだを動かしましょう。
>
> ただし前のめりになりすぎると転倒の恐れがあるので注意が必要です。普段から足をつけて座れているか気にするようにしましょう。車椅子はなるべく身体にあったサイズを使うようにしクッションにも配慮が必要です。くわしくは作業療法士に相談してください。

4 おもちゃで感性豊かに

おもに手指の関節運動の障害・座位姿勢の障害・記憶や言語などの認知の障害

キラキラと輝くブロックが目を引きます
（市販☆☆・手づくり☆）

❶ 透明ブロックと照明台

おもちゃが促す効果	
手を使う	★★
指を動かす	★★
足の運動	★
見る聞く触る感覚	★★★
認知構成能力	★★★
ヒーリング・癒し	★★★
コミュニケーション交流	★

このアクティビティ・トイの 遊び方

おなじみのポッチのついたブロックです。ここでご紹介するものは，赤や青の半透明のもので，組み立てて照明台（レントゲンを映すシャーカステンやトレース台のようなもの）で下から光を当てると，驚くほど美しくきらきら輝く造形物に変化します。

導入のきっかけ

手を使う活動としてブロックを用いることは，創造的な構成力の活性化につながります。しかしそれだけでは味気ないので，視覚的な感性に訴えかけるものとして，透明ブロックを導入しました。アクティビティ・トイであるとともにインテリアにもなります。

このアクティビティ・トイは こういう人に

活動性が低い軽度な認知症の人などに適応します。構成力と手指の運動機能がある程度高い人のアクティビティとしても使えます。運動機能の低い人は並べるだけでもかまいません。注意力散漫な人や飽きっぽい人，反応の鈍い人などにも使ってみてください。運動的な活動よりも認知，視知覚への感覚入力として適したアクティビティです。

お年寄りの様子・実践報告

片麻痺はありますが，それよりも軽い認知症が問題となっている人にやっていただきました。ほとんど片手でブロックをつなぎ合わせています。平面的に三角形に，8個くらい重ねていました。

照明台の上に乗せてスイッチを入れると，蛍光灯に照らし出されて，ブロックが赤や青の色彩にキラキラと輝き，「あらー，きれいね」と感嘆の声があがりました。それまで自信のなさそうだった表情が一変し，うっとりと見つめている様子が印象的でした。注意を引きつけられてじっと見入っている様子は，普段あまり見られない光景です。

このような 効果 や 働き が考えられます

　ブロック自体は，巧緻性や上肢機能の訓練として行われるかもしれませんが，構成力も必要とあってスムーズな活動とはいかないものです。これはどちらかというと，つくるというより，見ることに重点を置いたアクティビティ・トイと言っていいでしょう。あるいはインテリアとしてヒーリングに近い効果があります。

●●● 運動面 からみると ●●●

　組み合わせてつくることによって，手指の巧緻性や上肢（肩や手指）機能の改善に役立ちます。関節可動域（関節の動く範囲）や筋力向上，耐久性などの機能の改善が図られます。

●●● 感覚認知面 からみると ●●●

　蛍光灯に照らし出された色とりどりの透明ブロックが，それまで無機質だった表情を一変させて輝かせます。下から光を当てているだけなのですが，見る角度によって微妙に光沢が変化します。きらきら輝く様はまぶしさよりも色彩（色合い）を放ちます。
　見るための視覚機能としては，視力や視野，明暗順応（暗いところや明るいところで目が慣れること）があります。見るということは形態や位置などの情報を知覚し，認識（見て何であるか判断）することです。つまり見たものの情報がどのように脳で処理されるかが重要なのです。このアクティビティ・トイは，そのための視知覚的な注意を促すのに十分な活動です。そしてもちろん，ブロック活動自体は構成能力の改善に効果的です。

ワンポイントアドバイス

　あえてつくることに一生懸命にならなくても，かまいません。ブロックを並べて，光を当てて照らし出すだけでも十分です。そういう意味では単純な動作で大きな感動が得られます。
　ちなみに，専用の照明台はレントゲンを映すようなものです。現在は販売されていないようですので，代わりに白色の半透明のパネルを用意して下からライトを当てるようにしてください。もしくはカメラマンが使う，ライトボックスなら，比較的簡単に買うことができます。インテリアとしても，部屋の片隅にあると，雰囲気が変わるでしょう。

4 おもちゃで感性豊かに

おもに手指の関節運動の障害・記憶や言語などの認知の障害

触感の感性，素材の変化を感じましょう
（市販☆☆・手づくり☆☆☆）

❷ フェイスタッチ

おもちゃが促す効果	
手を使う	★
指を動かす	★★★
足の運動	★
見る聞く触る感覚	★★★
認知構成能力	★★
ヒーリング・癒し	★★
コミュニケーション交流	★★

このアクティビティ・トイの遊び方

触感を当てるゲームです。フェイスタッチには，アルミや紙ヤスリ，ブラシなどの素材が木片に張り付けられており，9種類の異なる触感が得られます。同じ物が2個ずつあって，合計18個がセットになっています。もともと盲人の感覚訓練に用いる目的で造られたものです。

使い方は単純で，目隠しをした状態でどれか1つを触ります。その後に「いまのはどれ？」と9種類の中から探させる「あてっこゲーム」です。

導入のきっかけ

「手探り形合わせ」（P 32）は形を手探りしますが，これは手触りがポイントです。触ることでいろいろな感覚が得られます。たとえば「心地よさ」。ふわふわの布団や，誰かさんの膝まくらなど，想像するだけで気持ちよくなります。これはいろいろな触感から感性を活性化させるアクティビティ・トイです。

このアクティビティ・トイはこういう人に

基本的には手の感覚が鈍い人に適応します。日常生活でほぼ自立している軽い片麻痺や認知症の人でも，微妙な手の感覚や触り心地が欠けている場合があります。

このような効果や働きが考えられます

普段「触るということ」についてはあまり注目されないかもしれません。

どんなふうに何を触ったかがわかれば，いちいち見る必要はありません。見なくても物がわかると，素速いスムーズな動きが可能となります。触感の違いを感じて選ぶということは記憶とイメージを活性化させ，いろいろな物を使ったり動かしたりする日常生活に必要なことです。

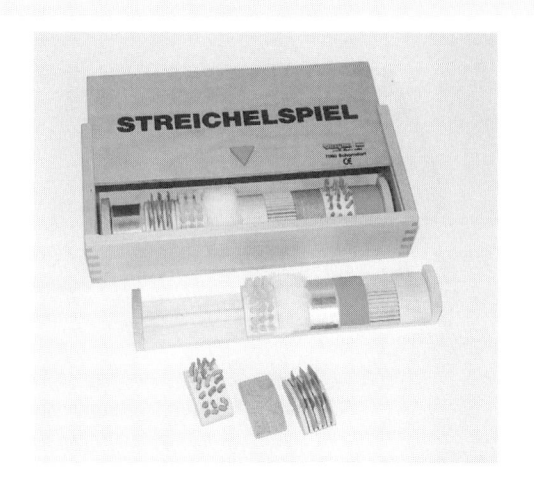

お年寄りの様子・実践報告

日常生活は自立していますが，少し手の動きが悪く感覚もやや鈍い女性にやっていただきました。まず触って「どんな感じ？」というのを言ってもらいます。それから右手と左手で同時に触ったり，一回触ったものを後からどれだったか，あるいは触った順番をあてっこします。「あー，これは……，どれがどれだか」意外と難しく，できそうでできません。「これは紙ヤスリだな，こっちはブラシみたいだな」とブツブツ言いつつ，頭をひねって考えながら，触っていました。最後に目で見て，当たっているかどうかを確認します。遊んでいるというより訓練という感じでしたが，展開のしかたによってはゲームにもなります。

フェイスタッチ

● ● ● **運動面** からみると ● ● ●

　動きは「手探り形合わせ」（P32）と同じく手指の探索活動（手探り）ですが、表面の触感を確かめるので、こすったり、なでたりと、優しい細かな手の動きが必要です。

● ● ● **感覚認知面** からみると ● ● ●

　触る行為には一般に触覚が関係するといわれますが、実は「触覚」は1つの感覚ではなく、軽く感じるものや、圧力を感じるもの、温度を感じるものなど、いくつかの「触知覚」で構成されています。触知覚をいろいろな場面で感じ、触った物を認識する働きになります。そして主観的な感性として触感が得られるのです。

　「手探り形合わせ」は形態についての触知覚で手指の巧緻性を伴いますが、フェイスタッチは触感を向上します。触感に関しての記憶やイメージを促してみましょう。

　また、素材を記銘する（覚える）ときに「ブラシ」「アルミ」などと言語的に覚えるか、「ザラザラ」「ツルツル」と非言語的に覚えるかは、人によって異なるようです。

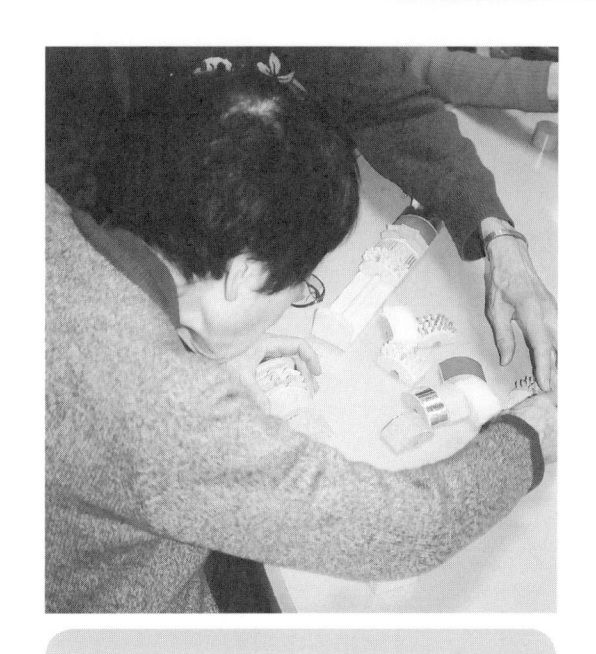

ワンポイントアドバイス

　手探り状態というだけあって、難しいかもしれませんが、できなくても落ち込ませないようにアプローチしてください。数を減らしたり、わかりやすいものを選んでやってください。

　同じように触感にこだわったおもちゃとしては、表面に斜線や円形などいろいろな溝があって、そのパターンを当てる「タッチ＆フィールメモ」などがあります。

このアクティビティ・トイをつくってみよう

　身近な素材を使い、触感にこだわったカルタをつくります。なるべくいろいろな素材を集めてみましょう。

| 用意するもの | 厚紙10枚、アルミホイル・紙やすり・画用紙・毛糸・布などの素材、カッター、接着剤 |

❶ ←カッター

❷

つくり方

①素材を厚紙のサイズに合わせて2枚ずつ切ります。（図❶）

②切った素材を、厚紙に接着剤で貼りつけます。同じ素材のものを2枚ずつつくります。（図❷）

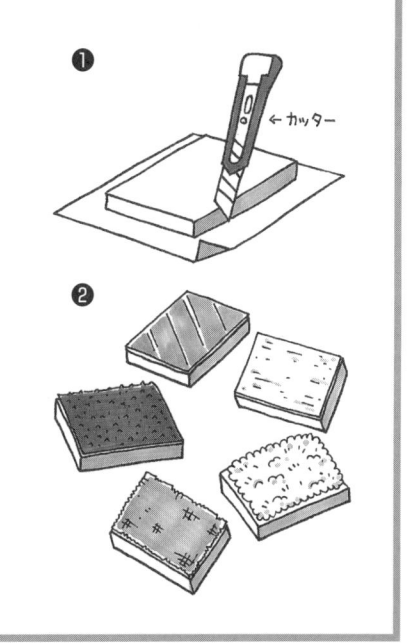

4 おもちゃで感性豊かに

おもに手指の関節運動の障害

そっと触ってまん丸く，懐かしい感触
（市販☆☆☆・手づくり☆☆）

❸ コロット（どろだんご）

おもちゃが促す効果	
手を使う	★★★
指を動かす	★★
足の運動	★
見る聞く触る感覚	★★★
認知構成能力	★
ヒーリング・癒し	★
コミュニケーション交流	★★

このアクティビティ・トイの遊び方

　トミーの「コロット」は専用の土と砂から，子どもたちに人気の「光るどろだんご」をつくるセットで，どろだんごを安全に簡単につくれるように開発されたおもちゃです。どろだんごの核となる「はじめ土」とピカピカにする「みがき土」の2種類を用います。大きさは1箱で2〜3個（ゴルフボール大）が目安です。

　まず「はじめ土」に適量の水を含ませ，こねてから丸くします。丸くする作業は片麻痺の人には難しいのでスタッフが手伝いましょう。その後3，4回「みがき土」を均等にまぶします。表面が乾燥したら，なめらかなテーブル上でやさしく転がします。全工程で90分程度です。

導入のきっかけ

　懐かしい土の感触を手軽に体験できます。土をこねるということは，腕から手まで全体を使いますし，どろだんごはお年寄りにもなじみのある簡単にできるアクティビティなので導入してみました。

このアクティビティ・トイはこういう人に

　基本的に手指の動きの悪い人，感覚が鈍い人に適応します。微妙な力加減が必要なので，片麻痺でも軽度な人や軽度の認知症の人に可能なアクティビティです。

このような効果や働きが考えられます

　上肢（肩や腕，手指）の可動域（運動範囲）の改善や筋力の向上が期待されます。特に手のひら全体を使って「ころころ」転がしますので手指の運動と手のひらの感覚が活性化し，手指の巧緻性（器用さ）が向上します。

お年寄りの様子・実践報告

　施設では手の動きが不自由で，しびれもある頸髄症の方にやっていただきました。はじめはうまく動かなかった手指も動きがよくなり，しびれも軽減したとおっしゃっていました。その後，ゴルフボールを転がす練習を自発的に始めるようになりました。

　また，軽度の認知症の方たちにやっていただいたときには，楽しそうにワイワイと時間を過ごしていました。丸めることが難しいので少し介助が必要でしたが，磨いているうちにツルツルと綺麗に光ってくる様子を見て喜んでいました。

　普段あまり行わない種類のアクティビティなので最初は戸惑う人が多いと思いますが，工程としては単純なのですぐに慣れます。

●●● 運動面 からみると ●●●

「陶芸」は作業療法のアクティビティとして古くから行われてきました。しかし，実際には設備や費用，時間的な問題で，あまり用いられているとはいえません。コロットは，本当の陶芸の材料や工程とは異なりますが，土をこねたり丸めたりするのは同じです。土をこねるときは指の屈曲（曲げ），手関節の尺屈（小指側への曲げ）などの運動，丸めるときは両手で手のひらを軽く丸くしたままの肩や肘の反復した運動になります。

●●● 感覚認知面 からみると ●●●

土の感触が子どものころの懐かしさを思い起こさせます。土の感触といってもさまざまですが，こねることで「ザラザラ」した触感を，転がすことで「ツルツル」した触感を得られます。

少しずつ丸くしていく過程で触感や形態の変化が感じられます。このアクティビティ・トイで求められるのは「できるだけ丸く，きれいに光らせる」ことで，微妙な力加減，つまり「触る」感覚のフィードバック（触っている感じを感じ取ること）が必要です。「動かす」ことよりも，「触る」感触を大事にしましょう。

ワンポイントアドバイス

簡単そうに見えますが，まん丸くすること自体かなり器用でないとできません。難しいアクティビティですがその分奥深いようです。何回も取り組むほうがいいでしょう。

お年寄りの中には「汚れるのが嫌だ！」という方もいらっしゃいます（確かに汚れます）。エプロンなども準備してください。

また，リウマチなど手指の痛みや呼吸器疾患の方，異食のある場合は，専門家にご相談ください。

このアクティビティ・トイをつくってみよう

コロット，または，実際の土や砂を使い，どろだんごをつくってみましょう。実際の土や砂を使う場合は，衛生面に注意してください。

■ 用意するもの　コロットまたは土・さらさらの砂，水，ボール，エプロン

つくり方

①ボールに土（はじめ土）と水を入れて，耳たぶくらいの固さにまとめます。（図❶）軽い麻痺のある人にも，比較的簡単にできます。

②中の空気を抜くように，たたきつけながら丸くしていき，どろだんごの芯をつくります。（図❷）片手しか使えない人には難しい作業なので，スタッフが手伝います。

③洗って乾いた手で，丸くした芯の表面に砂（みがき土）をまんべんなくふりかけ，形をととのえ，20分程度乾燥させます。（図❸）乾燥後，平らな台の上でコロコロ転がし，また砂をかけて転がすという作業を繰り返し，ツヤを出します。

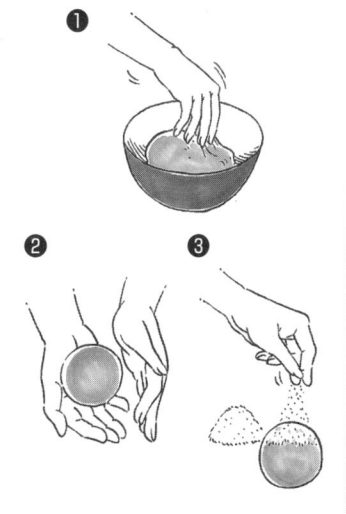

4 おもちゃで感性豊かに

おもに対人交流やコミュニケーションの障害・手指・肩や肘などの関節運動の障害

活動性の低い人に聴覚の刺激
（市販☆☆・手づくり☆☆）

❹ シロフォン

おもちゃが促す効果	
手を使う	★★
指を動かす	★★
足の運動	★
見る聞く触る感覚	★★★
認知構成能力	★
ヒーリング・癒し	★★
コミュニケーション交流	★★

このアクティビティ・トイの遊び方

シロフォンは木琴を筒状にしたような、木製の楽器です。長短8枚の板を玉つき棒でたたくと、「からころからころ」と柔らかくて素朴な音が鳴ります。ドレミの音階になっているわけではありません。そこが素朴でいい味を出します。

導入のきっかけ

音は感性の重要な要素です。音から想像されるもののひとつ「音楽療法」は確立されたジャンルとして、その効果がうたわれていますが、ここでは「音」に対する興味や注意を引き出すものとして注目しました。

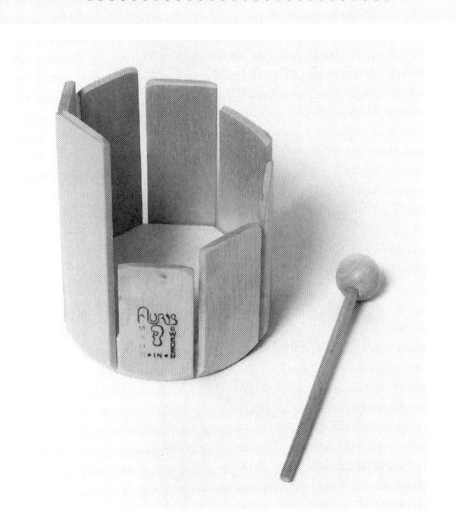

このアクティビティ・トイはこういう人に

重度な認知症などで反応が低い人には、どのような活動をするか、何が効果的か悩むところです。このような認知症の重い人の反応を引き出す目的で使ってみます。

お年寄りの様子・実践報告

片麻痺もありますが認知症もあり反応の低い女性にやっていただきました。「からころからころ」と鳴らすとはじめは戸惑っていましたが、そのうちに「ニヤー」とほほえみました。あまり鳴らすと「うるさいね」という反応がありました。

他に、片麻痺の男性にもやっていただきました。机の上にシロフォンを置いて、玉つき棒を中に入れてきれいに鳴らすのは、ちょっと難しそうでしたので、シロフォンの中に適当な木の玉を入れてみました。手の上に乗せてゆらしてもらったところ、「ブランデー飲むのと同じ動きだね」と、ゴクゴクと飲むふりまでして楽しんでくれました。中に入れる玉の大きさによる音の違いも楽しみました。

このような 効果 や 働き が考えられます

普段あまりおしゃべりしたり表情を変えない人が反応を見せます。そんなところから少しずつ表現や感情が芽生えるといいです。

また，からころと楽器をたたくことで，気分転換やストレスの発散が得られるかもしれません。

●●● 運動面 からみると ●●●

小さくたいてもある程度音が出ますので，棒を持って手を振るなどの上肢機能（肩や腕，手）の活動性があまり高くなくても行うことができます。シロフォンの玉つき棒は木琴の棒と同じく細いので，持ちにくい人には柄を太くするなどして持ちやすくしてください。

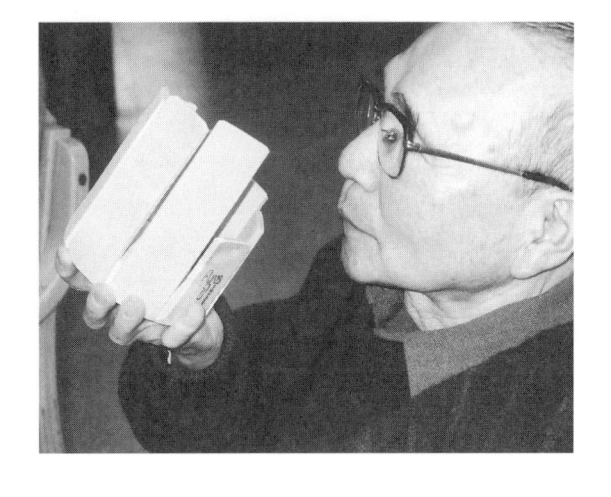

●●● 感覚認知面 からみると ●●●

聞くということには耳の機能と聴知覚（音の判断）が関係します。機能的には加齢とともに音が聞き取れなくなり，特に男性では 2kHz 以上という高い音への反応が悪くなります。

音楽が与える心理的効果などはヒーリングやアロマセラピーの領域で研究が進んできています。ここでは単純に「音」について，活動性の低い方や反応の悪い方に対して聴覚を刺激することを考えてみましょう。

「からころからころ」「こんこん，かっか」などと鳴らしてみます。あまり大きい音ではありませんが，音色が振動とともに感じられます。音からどんなイメージが想像されるか聞いてみてください。

ワンポイントアドバイス

シロフォンはそれ単体では，あまり継続して行うおもしろさのあるアクティビティではありませんが，木の音質が懐かしい心地よさや素朴さを感じさせてくれます。「音楽」に用いる場合には片手で持てる木琴のような，変わった楽器ということで，他の楽器ととも使ってください。中に玉を入れて「からころからころ」と転がすのもおもしろいでしょう。

5 おもちゃで認知・回想

おもに記憶や言語などの認知の障害・対人交流やコミュニケーションの障害

物の名前を覚えて，物忘れの防止に
（市販☆☆・手づくり☆☆☆）

❶ ノブ付きパズル・プレイ＆ゲーム

おもちゃが促す効果	
手を使う	★
指を動かす	★★
足の運動	★
見る聞く触る感覚	★★★
認知構成能力	★★★
ヒーリング・癒し	★★
コミュニケーション交流	★★

このアクティビティ・トイの遊び方

　これは写真を使って日常の物品についての記憶（記銘や想起）を促す「あてっこゲーム」です。

　ノブ付きパズル・プレイ＆ゲームはパズルパーツをとると，下に日常的に使われる物や動物，風景などの写真が現れるようになっています。パーツを少しずつ開けていきながら，物の名称や使い方を当てます。少しずつ部分的に絵柄が現れますので「なんだろう」と注意を引きつけやすく，楽しくやりとりをしながらゲームができます。より日常で使うものの写真にするためには，チラシや雑誌などの切り抜きを使い，工夫して写真の種類を増やしてください。手づくりがおすすめです。

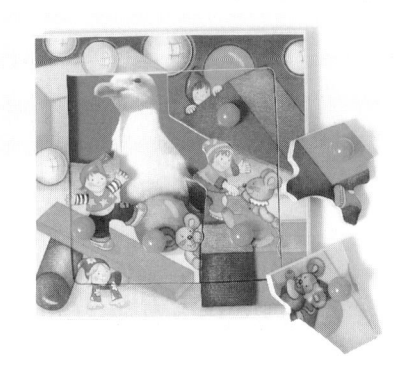

お年寄りの様子・実践報告

　軽度の認知症の女性にやっていただきました。比較的大きないろいろな写真や絵カードを用意し，パズルの下に入れて少しずつ現れるようにしたところ，「なんだろう？」と非常に興味深そうでした。

導入のきっかけ

　言葉はコミュニケーションの重要な手段で，言葉によって物の名前や意味を覚えることができますが，これを忘れないようにするためには日常的に言葉を使うことが重要です。認知症の場合，時間や出来事の記憶，物忘れが問題になります。物の名前も忘れがちになってきますので，ゲームを通して活性化しておくことが必要です。アクティビティ・トイで遊びながら，物の名前や使い方などの記憶を活性化させましょう。

このアクティビティ・トイはこういう人に

　言語の障害や，失語（言葉の理解や想起ができない状態）がある人，構音障害（ろれつが回らない状態）の人などに適応します。失語ではハサミやコップ，歯ブラシなど，日常で使う物を提示します。「これはなんですか？」「どのように使う物でしたか？」と想起を促し，わからない場合には学習，記銘してください。構音障害では正しい発音や発声などにも注意します。

このような 効果 や 働き が考えられます

言葉の訓練として，物の名前，使い方などの記憶を活性化する手段として，さまざまに展開できます。思い出すこと，覚えること，伝えることができるようになり，基本的なコミュニケーションの練習になります。ただ絵を見せて「さあ，これはなんでしょう？」というよりも，少しずつ見せていくことで楽しみながら「なんだろう？」と注意や興味を引きつけるのに効果があります。

● ● ● 感覚認知面 からみると ● ● ●

認知症にはさまざまな問題があります。徘徊や異食などの問題行動は，介護の問題として社会的な関心になっています。症状としては見当識（時間や場所の記憶）の障害など，記憶の障害が注目されています。記憶の障害については時間や場所についての問題もありますが，ここでは物の名前や使い方を言葉の概念として生活に関連づけて整理することを目的としています。

ワンポイントアドバイス

人数は１対１か少人数で，参加者のレベルは合わせて行ってください。できなくてもがっかりしないようにアプローチしながら，できるだけ静かな集中できる場所で，気長に行ってください。

このアクティビティ・トイをつくってみよう

６つの窓のある，写真ケースをつくります。利用する人の生活に合った物や人，動物や風景，施設でのイベントの様子など，写真やイラストに工夫してみてください。

用意するもの　18cm×18cm程度の厚紙２枚，17cm×17cm程度の厚紙数枚，4cm程度の長さのリボン６本，チラシや雑誌の写真の切り抜き，はさみ，カッター，接着剤，セロハンテープ

つくり方

①大きいほうの厚紙の１枚に，図のように計って線を引き，実線部分は切り，点線部分は谷折りにします。★印の部分にはリボンを２つ折りにしたものや，直径１cm程度の木の玉などを貼りつけて，つまみにします。うしろにもう１枚の厚紙を重ね，グレーの部分をセロハンテープでとめます。（図❶）

②小さいほうの厚紙に，チラシや雑誌などの切り抜きなどを貼りつけ，カードにします。

③カードをまとめてケースの中に入れ，窓をひとつずつ開けていきながら，中の写真が何かをあてます。（図❷）

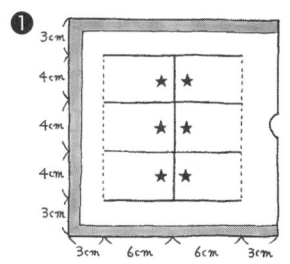

5 おもちゃで認知・回想

おもに記憶や言語などの認知の障害・肩や肘など上肢の関節運動の障害

構成課題で認知能力の改善を図ります
（市販☆☆・手づくり☆☆☆）

❷ ログハウス積み木

おもちゃが促す効果	
手を使う	★★★
指を動かす	★★★
足の運動	★
見る聞く触る感覚	★★
認知構成能力	★★★
ヒーリング・癒し	★
コミュニケーション交流	★★

このアクティビティ・トイの遊び方

　ログハウス積み木は，両端にくさびの入った長短（長くて20cmほど）の106個の木片で構成されていて，ログハウスの壁と同じ木組みを体験します。見本のとおり家を建てたり，思い思いに組み立てて，構成して遊びます。簡単なものから複雑な難しいものへ段階的な作成例もついています。つくっている間，間違いもわかりやすいので，作成途中での修正が比較的容易です。構成力に対してフィードバック（確認しながらつくること）が図られます。

導入のきっかけ

　脳機能や認知能力にはいろいろな種類があります。記憶や注意，言葉や感情など（高次脳機能ともいわれます）です。脳の障害に「どこにどんなものがあるか」わからなくなる障害があります。物の名前や使い方が口頭では言えるのにもかかわらず，「どう使えば，どう操作すればいいのか」わからなくなる障害もあります。

　そのような機能を構成能力といい，そこに障害がある人は，場所や空間と物や自分との関係がうまくつかめず，何をどうしたらいいか混乱します。小さい子どもが積み木をしたり，線を書いたりするのが下手であるのと同じです。

このアクティビティ・トイはこういう人に

　基本的に高次脳機能障害で構成障害（場所や空間，物や手順の関係の障害）のある人に向いています。脳卒中後遺症で左片麻痺（右大脳半球障害）の人や認知症の人で，日常生活では絵をうまく描き写せない人，料理をするときに普通とは手順を間違ってしてしまう人，麻痺もあまりなく目も見えているのにパズルなどを苦手にしている人，創作活動を嫌がっている人などに適しています。

　ただし構成障害の高度な人には難しい課題なので，重度な失行（行為の障害）のある人の訓練に使うのは難しいです。逆にいうと構成障害などの簡単な評価を目的として使えます。

お年寄りの様子・実践報告

　右片麻痺の男性にやっていただきました。普段デイで運動訓練を主にしています。見本を見ながら片手で組み立てていました。不器用なため時々組み立てた物を崩されていましたが，直しながら徐々にできあがってきていました。

　スタッフは時々，長さがあわなかったりおかしなところを指摘しましたが，「こんなに簡単に家はできないからなー」「うちの家は5人住んでいる」などとご自分の家についても自ら話し出したりして，和やかな雰囲気で時間を過ごしました。家や家族などの話を引き出すきっかけにもなりました。最後に「これはおもしろい」と絶賛し，30〜40分集中していました。もう少しうまくできるという期待は，次への意欲になったようでした。普段は比較的愛想のない方の，ちょっと違う一面も見られてよかったです。

このような 効果 や 働き が考えられます

　高次脳機能（認知や概念）の障害についての改善は難しいといわれています。考えられることとしては，手順や空間位置の関係を気づけないということです。子どもが丸も三角も描けなかったり，ボックスパズルがうまくできなかったりするのと同じです。気づくことができるようになるきっかけや手がかりが必要なのです。

　徐々にできあがっていく達成感もあるようです。運動では巧緻性が向上します。

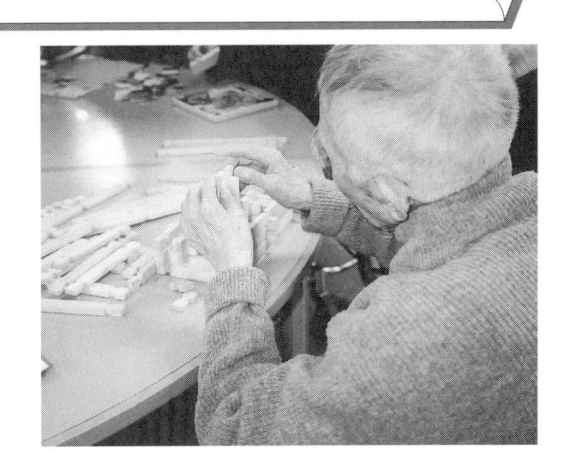

● ● ● 感覚認知面 からみると ● ● ●

　小児科医で児童心理学者のゲゼルは，運動発達を4つの側面に分類しました。そのうち適応的行動の要素に注意，知能，探求力とともに構成力をあげています。

　高次脳機能障害では線描（線を描く），積み木図案（絵に描かれた積み木のパターンを実際に積み木でつくる），マッチ棒組み立てのような構成課題での障害を，「構成能力の障害」として分類しています。構成能力は空間定位（位置関係）や運動や視覚のイメージが関わるのでないかと考えられます。

ワンポイントアドバイス

　構成能力の障害は，言葉や物忘れと違って時間や空間，手順が組み立てられないということです。活動を通してでないと問題が表面化しにくく，生活の中で評価が難しいものです。構成能力の観察もしてみましょう。

　高次の機能障害ですので，運動機能の程度に関わらず，できる人とできない人が比較的はっきりすると思います。できない人に無理にやっていただくとストレスになるので注意してください。

5 おもちゃで認知・回想

おもに記憶や言語などの認知の障害・対人交流やコミュニケーションの障害

認知症の改善に，記憶と回想を使います
（市販☆☆☆・手づくり☆☆）

❸ 江戸いろはカルタ

おもちゃが促す効果	
手を使う	★★★
指を動かす	★★
足の運動	★
見る聞く触る感覚	★★★
認知構成能力	★★★
ヒーリング・癒し	★
コミュニケーション交流	★★★

このアクティビティ・トイの遊び方

「犬もあるけば棒に当たる」というのは誰でも一度は聞いたことがあると思います。ご存じ「カルタ」です。「いろはにほへとちりぬるを」を頭文字にはじまる「いろはカルタ」は，百人一首を原型にした日本古来の遊びです。言葉，ことわざのおもしろさ，リズム感とともに，カルタの命は絵柄の美しさやおもしろさにもあります。日本では江戸や上方に代表されるように地域の文化が異なりますが，カルタにも江戸カルタや京カルタがあり，昔ながらの文化が色濃く残っています。

読み手が読んだことわざの絵札を探し出し，いちばん早く，いっぱい取った人が勝ちというルールです。カルタにもいろいろな種類がありますが，ここで紹介するのは「江戸いろはカルタ」というものです。絵札はレトロ調の美しい絵柄，読み札は比較的大きな文字で書かれていて，札はしっかりした厚紙です。

導入のきっかけ

明治時代から子どもの遊びの定番でした。お年寄りになじみがあるばかりでなく，短期記憶の改善やグループ交流，簡単な上肢機能など，さまざまな機能が盛り込まれています。

このアクティビティ・トイはこういう人に

物忘れやちょっとした記憶に問題がある人に適応します。片麻痺の人や認知症の人，そのほかいろんな人に行えます。主に認知症の小集団の訓練に適しています。スタッフの適切な支援が必要ではありますが，比較的重度な認知症のグループでも行えます。アクティビティのルールとしては単純ですが，絵柄の美しさなど製品そのものの魅力が訴えかけてくる要素も大きいようです。

お年寄りの様子・実践報告

施設では小集団の訓練場面で、中等度の認知症の方々を中心にお年寄り5名ほどの参加でやっていただきました。グループの交流としても活発に展開し、40分くらいの施行時間中みなさん集中して楽しんでいました。

まず、「絵柄がおもしろいね」という感想が聞かれました。読み手は目のあまりよくない人だったので、スタッフがついて行いました。読み手が読み上げると、みんな探し始めます。ときにはスタッフが「ここらへんにあるんじゃないかな?」とヒントを出します。思いがけず、認知症の比較的重い人が札を取ったりして驚きです。お年寄りにはなじみのある遊びなので導入しやすく、その後何回お誘いしても嫌がらずに参加されています。

このような 効果 や 働き が考えられます

カルタ遊びをした子どもの頃を思い出し、それをきっかけにして当時のいろいろな場面の記憶を思い起こすこと(回想)ができます。ただしつらい想い出もあるので注意が必要です。

読み手には文章を読む、取り手は文面を記憶しながら絵柄を探す。読んだり聞いたりすることで文の記憶力が向上します。そのうえ、グループでわいわいがやがやと交流しながらコミュニケーションが図れます。

●●● 感覚認知面 からみると ●●●

カルタは読み手の読み上げる言葉(ことわざ)を記憶して、絵柄とマッチングする遊びです。読み手の言葉を短期記憶(短い時間の記憶)して保持し、探索行動を行います。探索行動では聞いて理解した言葉を覚えながら、目で場を見て絵札を探す過程が行われます。つまり言語的な理解と保持、さらにその情報を視覚的に字や絵柄のイメージに変換することが必要になります。覚えながら探すというワーキングメモリ(作動記憶)も関係すると考えられます。

ワンポイントアドバイス

短期記憶に問題のある人は、取ったということを忘れて札を場に戻したりして、目の離せない場面もあります。スタッフの適度な援助が必要です。

お住まいの地方のカルタが、なじみがあっていいでしょう。他に「京カルタ」や「料理カルタ」などいろいろな種類のカルタがありますので、いろいろお試しください。絵柄は美しく芸術的、文化的な香りがするほうが「粋」ですね。

6 おもちゃで癒し

おもに対人交流やコミュニケーションの障害

心地よい音で穏やかな反応を引き出します
(市販☆・手づくり☆☆☆)

❶ 癒し缶 水の精マリン缶

おもちゃが促す効果
- 手を使う ★★
- 指を動かす ★
- 足の運動 ★
- 見る聞く触る感覚 ★★★
- 認知構成能力 ★
- ヒーリング・癒し ★★★
- コミュニケーション交流 ★★

このアクティビティ・トイの遊び方

缶を耳元に当て逆さにします。すると「こっこっこっ」,「とこ,とこ,とこ,とこ」とゆったりした水の流れが聞こえます。缶には水が入っているからです。音が止まったら,砂時計のように上下を逆さまにします。また同じように穏やかな水の流れが聞こえてきます。これは創作活動で手づくりしましょう。

導入のきっかけ

障害を持っていることで起きる日常生活での疲労や痛み,不自由さ,周囲の不理解は,心身に余計なストレスを引き起こします。ここでは心地よくリラックスすることを考え,少しでもストレスを解消できるようにしましょう。

このアクティビティ・トイはこういう人に

比較的重度の認知症の人や,動作の乏しい人に適応します。いつも緊張していて,難しい顔をしているような人,また普段手を動かそうともしない人も,思わず自分で耳元へ持っていきます。

小集団での創作活動として手づくりするときには,ハサミやテープが使える必要があります。

このような効果や働きが考えられます

水の穏やかな音は,優しくリラックスした気持ちにさせ,ホッとした気分にさせます。たとえ一時的なものだとしても,落ち着いた精神状態は,緊張や痛みの少ない身体状態につながります。

また回想的には懐かしい水のイメージが原風景を思い出させ,「おや? こんなところで水の音が!」という意外性や,水の落ちる振動で反応が引き出せます。

創作活動としては,ハサミを使ったりテープを使ったりすることで,上肢(肩や肘,手指)の運動になり,構成能力も必要となります。

お年寄りの様子・実践報告

だいたいの人は「おや?」と驚かれました。おもしろがって何回もひっくり返して,水の流れを聞いていました。「聞こえますか?」「感じますか?」「どんな気持ちになりますか?」「何をイメージしますか?」「何を思い出しましたか?」と問いかけてみます。「川辺にいるみたい」「あそこ(場所)のあの水の感じだなー」といろいろ思い出しているようでした。

●●● 感覚認知面 からみると ●●●

　障害を持っている人は，心身の機能障害や能力制限（生活の不自由さ）の問題を感じながら生活しています。そのため運動，感覚，認知，その他生活上の問題などのストレッサー（ストレスの原因）が過度のストレス反応（緊張や興奮した状態，交感神経の優位な状態）を引き起こし，自律神経にも問題を生じます。しかしストレッサーの排除やストレスコーピング（ストレスへの対処方法）は難しいのです。

　サワサワとゆれる木の葉や草のような自然のリズム「1/fゆらぎ」は，心地よさを感じるリズムであるとされ，これによりリラックスする方法が注目されています。ストレスとリラクゼーション効果の関係についてはさまざまな意見がありますが，障害を持っている人の心理的なストレス反応の解消，癒しというのは一時的なものであれ必要なものだと考えます。

ワンポイントアドバイス

　使うときはできるだけ自分で手に持ってもらいましょう。重さや振動を感じることができます。重度な認知症の人には他の楽器なども使い，いろいろな音と組み合わせて反応を引き出してみてください。

　缶の中に水が入っていますので，水漏れに注意して，落としたり蹴ったりはしないでください。

このアクティビティ・トイをつくってみよう

　簡単につくることができ，材料をかえることで色や音，振動に幅広い応用が可能です。きれいな包装紙を貼ったり，水を連想する絵を描いたりして，きれいに飾りつけましょう。

■ 用意するもの　同じ形の空き缶2個，水，金属用の接着剤，ガムテープ，装飾用の紙やリボン，缶切り

（つくり方）

①空き缶のひとつに水をいっぱいまで入れます。もうひとつは缶の上部を缶切りでくり抜き，上からかぶせます。（図❶）

②2つの缶を金属用の接着剤でくっつけ，さらに上からガムテープで巻いて，しっかり止めます。（図❷）

③包装紙や，外側に絵を描いた紙などを巻いてできあがりです。（図❸）

6 おもちゃで癒し

おもに対人交流やコミュニケーションの障害

愛らしい人形が不穏な状態を抑えます
（市販☆☆☆・手づくり☆）

❷ 癒し人形

おもちゃが促す効果	
手を使う	★★
指を動かす	★
足の運動	★
見る聞く触る感覚	★★★
認知構成能力	★★
ヒーリング・癒し	★★★
コミュニケーション交流	★★

このアクティビティ・トイの遊び方

ここでは「おやすみユメル」，「エミール」と「アンナ」，「ニューたあたん」を紹介します。

「おやすみユメル」はなでたり，抱っこしたり，声をかけると，「おはよう」とか「一緒に遊ぼう」など挨拶や話をしたり，歌ったりする人形です。使う人の生活リズムを覚えるので，朝になると起きて，夜になると目を閉じて寝ます。夜はパジャマに着替えさせて面倒をみます。

「エミール」と「アンナ」はスウェーデン製で，福祉施設などで用いられている，1歳くらいの子どもの大きさと重さの人形です。視線は少し横を向いていて，横抱きにしたときに目が合うように工夫されています。肌ざわりもよく，本当の子どもを抱っこしている温かさを感じます。

「ニューたあたん」はちょっとリアルな5カ月くらいの赤ちゃんの人形です。手や足の感じが本当の赤ちゃんのようです。

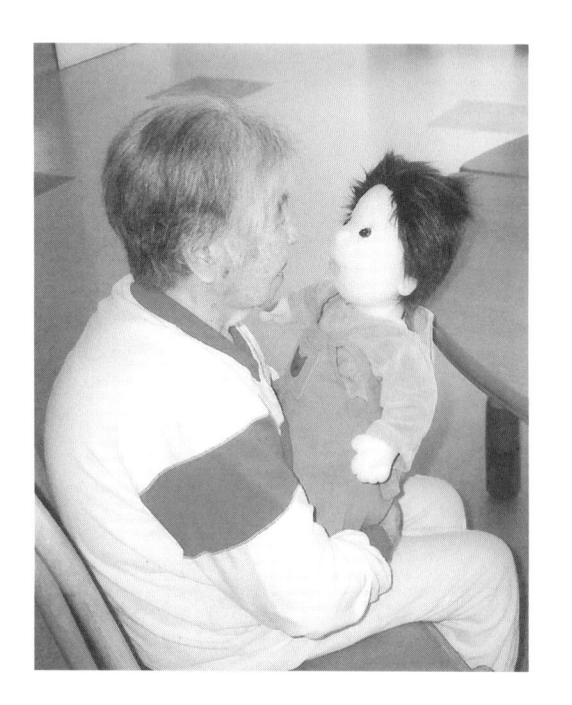

導入のきっかけ

誰でも一度は抱いたことのある人形。その心地よさは肌で感じられるものでしょう。抱いたときのぬくもりややわらかさ，愛らしさに，子どもの頃や子育て時代を思い出すかもしれません。お年寄りに人形のにこやかな表情とやわらかな触感を感じさせてください。抱いて，なでたり，あやしたり，コミュニケーションをとるのも楽しいです。

人形が認知症の治療に効果があるという報告があり，今回認知症の方に使用してみました。

このアクティビティ・トイはこういう人に

比較的軽度な認知症の人から，重度な認知症（徘徊やせん妄など問題行動）の人まで適応します。基本的には女性に向いています。

癒し人形

お年寄りの様子・実践報告

　ユメルとニューたあたんをデイの女性の集まっているテーブルに置きました。ユメルは「あらー，かわいいこと」「話するね」「抱っこした感じもいいね」と人気者でした。ユメルは利用者さんが話した内容には応えませんが，ユメルが話しかけると利用者さんが応えます。ニューたあたんのほうは「本当の子どものようだ」「ほれほれ（高い高いのように）」と抱っこするのにちょうど良さそうでした。
　エミールとアンナは問題行動のある女性の入所者さんに使ってもらいました。以前は徘徊が多く，他の利用者の部屋に出入りし荷物を持ち歩くなど落ち着かない人でしたが，人形を抱きはじめると声をかけたりしながら座っていることが多くなりました。声をかけている間に周囲に人が集まるようになり，会話が生まれ，表情も穏やかになります。軽度の認知症の方も人形を見ている間は安らいだ表情を浮かべます。
　比べてみた感想は，認知症の重度な人はややリアルな感じの人形を，軽度な人はややかわいい感じの人形を好まれていた印象がありました。

このような 効果 や 働き が考えられます

　女性にとっては人形を抱くことで自分の子どもを育てた当時の感覚がよみがえり，母性が働くなど回想法のような役割を果たしていると考えられます。視覚（抱くと人形と目線が合う），聴覚（お話をする・ユメル），触覚（肌触り）など五感からの刺激により，愛情と安らぎを受けているようです。いずれにしても人形がいることで，利用者同士の交流が広がり徘徊などの問題行動が減り，居心地の良い空間がつくられたことは驚きました。愛くるしさ，温かさ，触感のよさは，人としての良い感情を呼び起こすのに効果的であると思います。

感覚認知面 からみると

　重度な認知症では，コミュニケーションや対人交流ができなくなり，徘徊や夜間せん妄など不穏な症状もみられます。このような症状では，声かけや促しを行っても活動に参加することが難しくなります。参加や交流のきっかけとして使ってみてください。

ワンポイントアドバイス

　ご家族の中には，認知症の人が人形で遊んでいるのを見て，「うちのおばあちゃんが人形で遊んでいるのはどうかな？」とか「なさけない」などと思う人もいると思います。きちんと説明して勘違いのないように，ご家族などへも配慮してください。

7 おもちゃでコミュニケーション

おもに対人交流やコミュニケーションの障害・記憶や言語などの認知の障害

人生楽ありゃ苦もあるさ・ゲームで交流
（市販☆☆☆・手づくり☆☆）

❶ 人生ゲーム

おもちゃが促す効果

手を使う	★★
指を動かす	★★
足の運動	★
見る聞く触る感覚	★★
認知構成能力	★★
ヒーリング・癒し	★★
コミュニケーション交流	★★★

このアクティビティ・トイの遊び方

「人生ゲーム」はすごろくのようなボードゲームです。1968年にはじめて発売され，ニューファミリーの世代を中心に家族で遊べるゲームとして人気を博しました。今回使用した「人生ゲーム　昭和おもひで劇場」は全体的にレトロな雰囲気で，アポロ打ち上げや大阪万博などの昭和の懐かしい出来事をエピソードにしてコマを進めるものです。参加者は昔の出来事を回想しながらゲームを進められます。ルーレットを回してコマを移動し，マスを読んでお金などのやりとりなどを行い，最後にお金を多く持っている人の勝ちです。

導入のきっかけ

ゲームを通していろいろな人と交流することは，社会性やパーソナリティの形成にとって大切なことです。それにたまには息抜きも必要でしょう。

すごろくはお年寄りにもなじみがありますので導入しやすいものです。基本的に勝った負けたはルーレットの出た目で決まりますので，個人的な能力とは関係なく比較的気楽に取り組めます。「人生ゲーム」では「人生楽ありゃ苦もあるさ」という感じで，いっとき別な人生を体験してはいかがでしょうか。

お年寄りの様子・実践報告

「すごろくのようなものをやってみませんか」と言って3名の女性に集まっていただきました。そのうちのお二人は，今までこのようなゲームはする機会がなかったそうで，はじめは戸惑っていらっしゃいました。コマの動かし方やルーレットの回転には，少し援助が必要でしたが，ゲームが進みルールを理解していくにつれて，「やったー」とか「あら残念」など会話が弾むようになりました。それになにより，お金がもらえてうれしそうでした。最後まで和やかに，かつ真剣に身を乗り出してお札を数えたり，計算したりと違和感なくゲームを楽しめ，またやりたいとおっしゃっていました。

このアクティビティ・トイはこういう人に

人生ゲームは比較的軽度の認知症の人に適応し，小集団のアクティビティとして行います。人生ゲームを行った経験がない人には「すごろく」と言って誘導します。

このような効果や働きが考えられます

小集団で交流が図られ，会話や表情が豊かになります。高度経済成長期のエピソードや東京タ

ワー，煙草屋などのアイテムが，「回想的」な要素として懐かしさを演出します。また「ごほうびがもらえる」ことの効果は非常に大きいです。お金を稼ぐ，昇進する，バッグや車を買う，ギャンブルに勝つなど，お金が元気にするようで「結局人生お金ですぅ！」と，とても楽しそう。お金を使う機会が減っているお年寄りにとって，お金を使うことは社会参加しているという実感を呼び起こすようです。

やや大きなボードですので，手を伸ばしたりルーレットを回したりと，上肢機能（肩や肘，手指）や座位保持機能などの運動の要素もあります。また認知構成能力や計算力も必要です。

●●● **感覚認知面** からみると ●●●

グループでの訓練では，利用者さん同士やスタッフとの対人交流も訓練の目的にあげられ，アクティビティを介して相互に「やりとり」を行います。そのとき，どのように集団の中にとけ込むか，どのような行動をするのかという集団の人間関係が無意識のうちに出てきます。このような集団力動（グループダイナミックス・グループ間の対人関係）から，参加に対する態度や社会性，パーソナリティの分析をして参加者個々の状態を把握することは重要なことです。

ワンポイントアドバイス

過去にやったことのない人へは「すごろく」と言えばわかりやすいでしょう。スタッフはルールの説明や，勝ち負けについてのフォローをしましょう。時間も結構かかりますので，気長にできる時間帯と耐久力が必要です。

このアクティビティ・トイをつくってみよう

創作活動でアイディアを出し合いながら，地域や時代に合った「人生ゲーム」をつくってみましょう。利用者はゲームを囲むように円になって座り，マスは利用者から見やすいように並べます。マスの順番は組みかえ自由なので「今日は○○さんの人生をゲームで楽しみましょう」としてみるのもいいかもしれません。

■ 用意するもの　マス用の大きな紙，名前用の紙，ペットボトル，大サイコロ，油性ペン，接着剤

つくり方

①大きい紙に，人生の出来事をひとつずつ，大きく見やすく書きます。（図❶）

②ペットボトルに名前を書いた紙を貼ってコマをつくり，お札は紙に描いたものをコピーしてつくります。

③出来事を好きなように並べ，すごろくの要領で遊びます。（図❷）

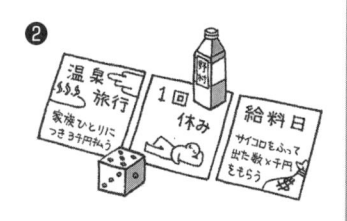

7 おもちゃでコミュニケーション

おもに対人交流やコミュニケーションの障害・手指の関節運動の障害

巧緻性も必要な危機一髪ゲーム
（市販☆☆☆・手づくり☆☆）

❷ ぶらんこバランスゲーム

おもちゃが促す効果	
手を使う	★★
指を動かす	★★★
足の運動	★
見る聞く触る感覚	★★
認知構成能力	★★★
ヒーリング・癒し	★
コミュニケーション交流	★★★

このアクティビティ・トイの遊び方

　このバランスゲームはグループで遊ぶ，ゲームです。上方から吊り下げられている直径15cmほどの円盤の上に，大小の円柱を乗せていきます。何人でも遊べますが4，5人が適当です。

　ゲーム自体は単純です。参加者はジャンケンで順番を決め，数字の代わりに6種類の色の付いたサイコロを転がし，出た色と同じ色の円柱を円盤の上にそっと乗せます。大きい円柱ほど円盤を傾けます。順番にサイコロをふり繰り返します。このとき誰かの乗せた円柱が全体のバランスを崩し，円盤から円柱がすべり落ちたらゲームオーバーです。

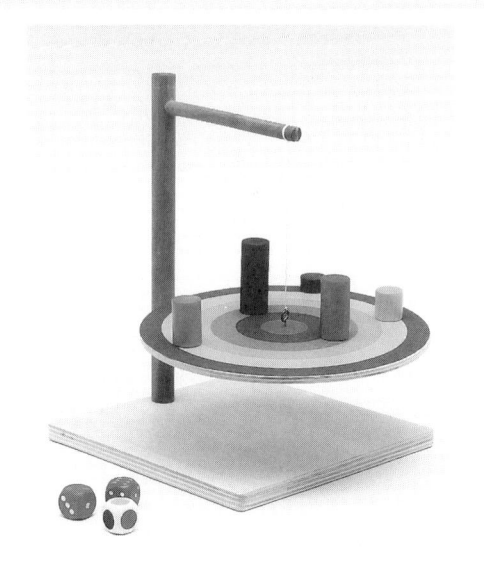

導入のきっかけ

　なにかと緊張を強いられたり，時間になると作業をやらされたり，ボーッとしながらもいつも何かを考えたり……。そんな日常に「ワーッと楽しくなって，リラックスする」ことも必要なのではないでしょうか。

　バランスゲームは何人かで順番に行い，失敗したらそこでゲームオーバーという形式のゲームです。巧緻性の必要な「ジェンガ」と，勝負は時の運の「黒ひげ危機一髪」を合わせた感じのものです。

お年寄りの様子・実践報告

　特に問題もなく，普段お裁縫などをやっていらっしゃる3名のお年寄りとスタッフで遊んでみました。

　サイコロを転がすたびに「赤だ！」「どこに乗せよう」「そこは危ない！」などと大騒ぎ。あまり頭を使って考えすぎるより，勢いでというほうがおもしろいようで，「わー，きゃー，あー」と盛り上がります。慣れてくると巧緻性などの機能も上がってきているようでした。

このアクティビティ・トイはこういう人に

　男性も喜んで参加してくれます。運動機能では巧緻性が必要です。片手でできますので片麻痺の人にもできます。軽度な認知症の人も可能です。「ワーッ」と盛り上がりたい人，ギャンブル好きな人に適しています。

このような効果や働きが考えられます

　運動面では，上肢や手指の巧緻性や座位保持の耐久性の向上に効果が考えられます。認知機能の活性化というより，単純なゲームでスタッフと利用者が

ぶらんこバランスゲーム

立場の違いを忘れてグループ交流をしつつ遊べます。立場を超えて交流することで，対人関係の緊張の緩和，リラックスした交流ができます。「一緒に遊んだ」「楽しかった」ということを共有することで，より一層の信頼関係がもてるでしょう。

● ● ● **感覚認知面** からみると ● ● ●

円盤の中心点とテコの関係を考えて崩さないように円柱を乗せていくゲームですので，実はかなりの巧緻性や認知構成能力が必要になります。ゲームそのものはグループでの交流を促し，対人関係などの緊張を緩和する効果が考えられます。

機能障害や能力低下になり活動性が低くなってしまうと，どうしても引きこもりになりがちです。かといって創造的なアクティビティも，いつもやっていると飽きてしまいます。

たまにはスタッフも交じりグループでワイワイと楽しい時間を共有して遊ぶことで，日ごろのストレスが発散され，関係も深まると考えます。

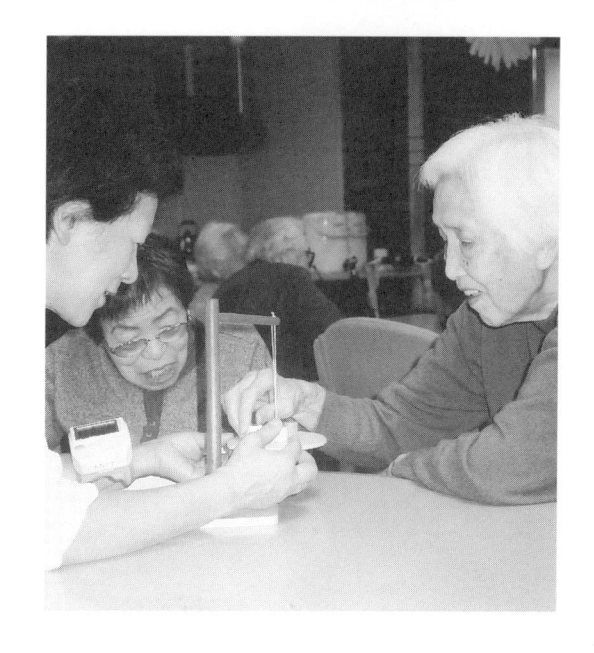

ワンポイントアドバイス

ゲーム自体がシンプルなので，みんなでワイワイ，キャーキャーと楽しく盛り上がりましょう。しかし，あまり盛り上がりすぎると，血圧や心拍数が急に上昇することもありますので注意してください。

このアクティビティ・トイをつくってみよう

吊るすものはつくりにくいので，ここでは逆さまにしたペットボトルの上に，積み木を乗せていくバランスゲームをつくってみましょう。

■ 用意するもの　■ 直径30cm程度の板，350mlペットボトル，積み木など

つくり方

①ペットボトルの半分くらいまで水を入れ，きっちりフタをし，上下を逆さまにします。

②その上に板を乗せ，積み木などを乗せていきバランスゲームを楽しみます。

8 高齢者が楽しめるおもちゃ

協力：高齢者のアクティビティ研究会

高齢者施設や家庭で手軽に使える遊びがあると，毎日の楽しみも倍増します。ここでは介護者の高齢者アクティビティ応援Book『AptyCare（アプティケア）』1〜10号の「おもちゃで遊びケア」で紹介された，お年寄り同士だけでなく，ボランティアや子どもたちとのコミュニケーションも促すおもちゃを，リハビリの視点からのコメントを加えた形で一挙にご紹介します。

白木と茶色のツートンカラーが美しい
はめっこパズル

　白木と茶色のツートンカラーの組み合わせパズル。はめ合わせを楽しむだけでなく，揺らしたり，高く積み上げたり，山型に積み上げたパズルを崩さず取るゲームなど，ハラハラ，ドキドキできるバランス遊びを行ってみても楽しいでしょう。2個1組の対称形で，18種類の組み合わせはひとつひとつ違う形。最初はパズルを少なめにして，慣れてきたら数を増やしましょう。

◆リハビリの視点◆
　左右の形を認識する，認知構成能力の向上が期待されます。一つの形に注目して，当てはまるもう一つを数ある中から探し出すのには，図形を頭の中で回転させたりする能力が必要です。

おもちゃが促す効果	
手を使う	★★
指を動かす	★★
足の運動	★
見る聞く触る感覚	★★
認知構成能力	★★★
ヒーリング・癒し	★
コミュニケーション交流	★★

つい夢中になって，いつまでも遊んでしまう
ミニヤード

　卓上でできるビリヤードです。円形の台は回転するので，座ったまま楽しめます。車椅子の方も遊びやすく，スプリング内蔵のキューは，余分な力を必要としないので，お年寄りには最適です。自分の玉をポケットに入れる，決めた色だけをポケットに入れるなど，簡単なルールをつくりましょう。遊ぶ人に合わせて，キューを使わずに指で弾いて遊んでも楽しいです。

◆リハビリの視点◆
　運動面では大きな力は必要ありませんが，コマにキューを合わせる巧緻性が必要です。手を伸ばすことで上肢（肩，肘）の関節可動域や到達機能の向上が期待されます。

おもちゃが促す効果	
手を使う	★★★
指を動かす	★★
足の運動	★
見る聞く触る感覚	★
認知構成能力	★★
ヒーリング・癒し	★
コミュニケーション交流	★★★

8 高齢者が楽しめるおもちゃ

バランス感覚と指先の運動効果も期待できます
お月さまバランス

　色サイコロを振って出た色のブロックを，三日月の上に積み重ねていくゲームです。単純ですが，ユラユラ揺れて積みにくいので，夢中になります。積み上げるときに微妙な力加減が必要なので，指先の運動効果も期待できます。年齢に関係なく楽しめるので，仲間同士だけでなく，子どもたちやボランティアとも一緒に，わいわいと話をしながら楽しみましょう。

◆リハビリの視点◆
　積み上げたブロックを崩さないようにする，上肢（肩，肘，手指）の巧緻性が必要です。手を上げて慎重にゆっくり置くことは，上肢の筋力強化にも効果的です。

おもちゃが促す効果	
手を使う	★★★
指を動かす	★★
足の運動	★
見る聞く触る感覚	★★
認知構成能力	★★
ヒーリング・癒し	★★
コミュニケーション交流	★★

的に当たったときの気分は格別
マグネットダーツ

　矢に強力なマグネットがついている，安全なダーツです。「カチッ」と的に当たるときの手ごたえが非常に良く，本格的な気分が味わえます。スタッフが的を持ち，お年寄りの腕の動きや振る強さを見て，距離や高さを調整します。腕を振ることが難しいお年寄りには，的を床に置いても楽しめます。

◆リハビリの視点◆
　ねらいすましてダーツを投げる，非常に高度な目と手の協調動作が必要です。上肢（肩，肘，手指）全体の大きな素早い運動と，投げるタイミングの練習に効果的です。勝負がかかっていますので，活発な交流が図られます。

おもちゃが促す効果	
手を使う	★★★
指を動かす	★★
足の運動	★
見る聞く触る感覚	★★
認知構成能力	★★
ヒーリング・癒し	★
コミュニケーション交流	★★★

玉を指にひっかけて移動する運動
コォールディ

　枠の周囲の玉を上下左右に動かすことにより，連動して動く中心の玉を，数字の順に移動させていきます。片麻痺の方は，二人で協力しながら移動させたり，机の上に置いて片方ずつ動かすとよいでしょう。ゲーム感覚で遊ぶうちに，頭や指をたくさん使います。携帯してちょっとした時間にどうぞ。

◆リハビリの視点◆
　左右両手をできるだけうまく使う，両手の協調的な動作です。迷路状の空間認識と両手の運動を合わせた巧緻動作にお勧めです。左片麻痺で視空間に障害のある人にいかがでしょうか。

おもちゃが促す効果	
手を使う	★★★
指を動かす	★★★
足の運動	★
見る聞く触る感覚	★★
認知構成能力	★★
ヒーリング・癒し	★
コミュニケーション交流	★★

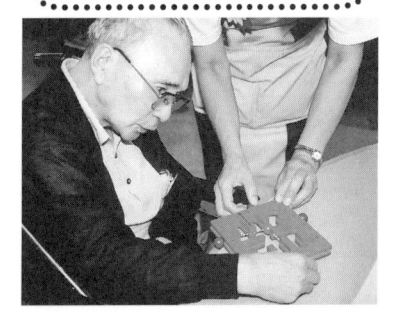

すきま時間がハラハラドキドキ時間に早がわり
サボテンバランスゲーム

　大きさの違う25個のピースをうまくつなぎ合わせていき，かわいらしいサボテンをつくります。バランスをとるのが意外に難しいので，全部さし終えたときの達成感は格別。ピースが丸いため，とても握りやすく，遊び方が簡単なので，誰にでも楽しめます。

◆リハビリの視点◆
　大きなピースなので，手指の不器用な人や軽度の麻痺がある人も握りやすいです。少しズッシリとした木の重さが，腕の筋力の維持を促します。土台の中心からピースが放射状に広がっていくので，左右上下奥行きの空間認識の訓練にもなります。

おもちゃが促す効果	
手を使う	★★★
指を動かす	★★
足の運動	★
見る聞く触る感覚	★
認知構成能力	★★
ヒーリング・癒し	★★
コミュニケーション交流	★★

昔懐かしいおもちゃで男性にも人気
コリントゲーム

　昔懐かしい，パチンコの原型的なおもちゃです。スティックで弾いた玉が，くぎに当たりながら落ちていき，入ったコーナーの点数を競います。玉をまとめて弾いてもおもしろく，玉が転がる音も心地よいです。スティックで玉を押し出したり，手首を使って玉を弾いたり。昔遊んだ頃の話をしながら，会話を楽しむのもよいでしょう。特に男性に人気です。

◆リハビリの視点◆
　スティックの弾き方は，強すぎても弱すぎてもダメ。上肢（肩，肘）の関節運動に有効ですが，大きさとスピードの調整が必要です。転がる玉を音とともに目で追う注意と集中が促されます。また点数の計算力も促します。

おもちゃが促す効果	
手を使う	★★★
指を動かす	★
足の運動	
見る聞く触る感覚	★★
認知構成能力	★★
ヒーリング・癒し	★★
コミュニケーション交流	★★★

ゆっくりまわるバランスゲーム
ハムスターロレ

　ハムスターが遊ぶ車輪のような輪の内側に，正方形や長方形，円柱のピースを乗せていき，ピースが落ちないようにバランスゲームを楽しみます。片手でもできます。デザインも素敵なので，遊ばないときはインテリアとしても飾っておけます。

◆リハビリの視点◆
　手指で持ちやすい形のピースは，つまみの苦手な人でも簡単にできます。左右に回る車輪をゆっくりと目で追うことができ，和やかな気持ちになります。

おもちゃが促す効果	
手を使う	★★
指を動かす	★
足の運動	★
見る聞く触る感覚	★★
認知構成能力	★
ヒーリング・癒し	★★
コミュニケーション交流	★★

のんびり歩く犬の姿に心癒される

歩く動物（白木）

　坂道の上に犬を乗せてお尻を押すと，カッタカッタとゆっくりと犬が歩きます。動きに合わせてうなずきながら見つめる方，のんびり歩く犬の姿に思わずにっこり笑みがこぼれる方，「かわいいわね」「孫に買ってあげたい」との声もあがりました。ほっと心癒されるひとときを生み出します。他にもはりねずみ，象などの種類もあります。

◆リハビリの視点◆

　動きや感覚を引き出すことは少ないのですが，その分気持ちが和らぎます。重度な障害の人でも「ちょっと手を動かす」単純な運動で，やりとげた達成感を感じることができます。

おもちゃが促す効果	
手を使う	★★
指を動かす	★
足の運動	★
見る聞く触る感覚	★★
認知構成能力	★
ヒーリング・癒し	★★★
コミュニケーション交流	★★

持っている人に声をかけたくなる美しいおもちゃ

リングウェーブ

　らせんの針金に木のカラーリングを通しただけの，シンプルなおもちゃです。傾ける角度により落ちる様子が変わり，さらさらとすべり落ちる様子に目が釘付け。いつもよりも手を高く伸ばす姿に「手がよく伸びているよ」「リハビリにいいね」「とてもきれい」と周りの人から声がかかりました。心地よい繰り返しのリズムは，ほっとした時間を生み出すでしょう。

◆リハビリの視点◆

　上肢（肩，肘，手首）の上下運動を促し，手の上げ下げと体幹（からだ）の伸びが活発にできます。くるくる回るリングを見るという刺激は視覚的にもおもしろく，興味を引きます。

おもちゃが促す効果	
手を使う	★★★
指を動かす	★★
足の運動	★
見る聞く触る感覚	★★
認知構成能力	★
ヒーリング・癒し	★★
コミュニケーション交流	★

コマ数が少ないから，ちょうどいい時間で1ゲーム

リバーシゲーム6×6

　リバーシゲームが大きく，盤とコマが滑りにくくなりました。初めて見た人からはあまりの大きさに驚きの声が。従来品は8×8＝64コマですが，6×6＝36コマとコマ数が少なく，ちょっとの空き時間でも終わるので，お年寄りにも飽きずに楽しめます。将棋や囲碁がお好きな男性に特にオススメです。

◆リハビリの視点◆

　大きなコマなので，指先の不器用な人でも遊べます。反面，盤が大きいので手を伸ばさなければなりません。その分，上肢（肩，肘）の運動と体幹（からだ）を伸ばす運動が期待されます。もちろんゲームとして認知，知的能力を促します。

おもちゃが促す効果	
手を使う	★★★
指を動かす	★★
足の運動	★
見る聞く触る感覚	★★
認知構成能力	★★★
ヒーリング・癒し	★
コミュニケーション交流	★★★

崩れる音も美しい白木の積み木

カプラ

8×24×120mmのシンプルな白木の積み木です。たとえば井型にどんどん積み上げていくうちに，徐々に背筋や腕もぴんと伸び，「こんなところまで手が届くの!?」と驚きの声もあがります。誰が一番高く積めるか競争するのも楽しいですし，机上で立てたり並べたりして，図柄や建築物をつくったりもできます。崩れ落ちるときの美しい音も楽しみましょう。

◆リハビリの視点◆

積み上げるに従い，少しずつ体幹（からだ）を伸ばし，手をあげることで座位の持久力と関節の可動運動の効果が期待できます。

おもちゃが促す効果	
手を使う	★★★
指を動かす	★★
足の運動	★★
見る聞く触る感覚	★
認知構成能力	★★
ヒーリング・癒し	★
コミュニケーション交流	★★

芸術的感性をくすぐるグラデーションが美しいパズル

8重パズル　カエデ

8つのピースを小さいものから順に重ねていく，型はめパズルです。葉の形を活かして，塗り絵の枠どりに使ったり，枠の外で重ねて遊んでもきれいです。緑系，黄系，赤系のグラデーションの美しい色合いで，平面に並べて飾っても素敵なインテリアになります。

◆リハビリの視点◆

先に大きいピースをはめると小さいピースは入れられません。ちょっとした見ることと触ることですが，どっちが大きいか比べて判断する，形態に関する認知構成能力が必要です。

おもちゃが促す効果	
手を使う	★★
指を動かす	★★
足の運動	★
見る聞く触る感覚	★★★
認知構成能力	★★
ヒーリング・癒し	★★
コミュニケーション交流	★

好奇心を誘う，不思議な金属のシャボン玉

トロフルックス

金属の球体が回転しはじめると，やわらかいシャボン玉に見えるサイエンス・トイです。今まで見たことのないシャボン玉に「うわぁ〜不思議」「シャボン玉に見えるねぇ」とつい周りの人と話したくなるコミュニケーション・トイでもあります。球体に手が触れても痛くないので安全性も高いです。

◆リハビリの視点◆

おもしろい形態が興味を引きます。球の回転を止めないように両手でどんどんチューブを回すことで，両手の協調した動きと，特に肩関節の関節運動と筋力強化に有効です。

おもちゃが促す効果	
手を使う	★★★
指を動かす	★
足の運動	★
見る聞く触る感覚	★★
認知構成能力	★
ヒーリング・癒し	★★
コミュニケーション交流	★★

デザイン遊びの創造性がふくらむパズル
木のパズル

5色の色合いが鮮やかな木製のパズルです。つかみやすく，単純な形ながら，効果的に斜線が使われているため，幾何学模様や船や家など，さまざまな形をつくることができます。木枠にはめ入れて，色合いを楽しんだり，積んだり立てたりしてもきれいです。お城のように積み上げた男性は「こっちはレッドシャトー，こっちはブルーシャトーだよ」と教えてくれました。

◆リハビリの視点◆
見て触ることで，色と形の違いを認識します。頭でイメージした形を実際できるか，組み立てたり崩したりいろいろな構成を頭の中で行います。色や肌触りが感覚を促してくれます。

おもちゃが促す効果	
手を使う	★★
指を動かす	★★
足の運動	★
見る聞く触る感覚	★★
認知構成能力	★★★
ヒーリング・癒し	★★
コミュニケーション交流	★★

棒を抜くときのハラハラドキドキが周りを盛り上げる
スティッキー

サイコロを振って出た色のスティックを抜いて，束を倒さないように遊びます。スティックは色ごとに太さが違います。一対一でもいいですし，チームをつくって仲間とスリルを味わえば楽しさ倍増。勝敗は運の要素が強いので，いつも同じ人が勝つとは限りません。勝負事が大好きな男性にもオススメです。

◆リハビリの視点◆
ゆっくりとした持続的な運動が特徴です。棒を注意深く抜くことで，集中力と巧緻性が発揮できます。何人かで順番に抜いていきますので，活発なグループ交流もできます。

おもちゃが促す効果	
手を使う	★★★
指を動かす	★★★
足の運動	★
見る聞く触る感覚	★★
認知構成能力	★★
ヒーリング・癒し	★
コミュニケーション交流	★★★

左右に振る動きを楽しみながら手首を滑らかに
木製てんとうむしジャンケン

親てんとうむしカップを，子どもてんとうむしの上からかぶせて勢いよく左右に振り，カップをあけると子どもがひっくり返って，グー，チョキ，パーのひとつがあらわれます。カップを振る動きや，てんとうむしがひっくり返るタイミングに集中しているうちに，自然と手首が滑らかに動きます。子どもてんとうむしをつまんでひっくり返すジャンケンにしてもいいです。

◆リハビリの視点◆
スピーディーにカップを振る，早くて滑らかな動きは，肩，肘，手の細かな運動が連動した動きで，一般的に難しい運動です。ジャンケンでグループの交流も図れます。

おもちゃが促す効果	
手を使う	★★★
指を動かす	★★
足の運動	★
見る聞く触る感覚	★★
認知構成能力	★
ヒーリング・癒し	★
コミュニケーション交流	★★★

9 おもちゃでリハビリ Q&A

高齢者のリハビリにおもちゃを使うにあたって，まだまだ気になることがあると思います。ここではそんなみなさんの心配や不安にお答えします。

Q1 高齢者が，おもちゃを使うことに抵抗がないか心配です。

A

●おもちゃへの意識

高齢者は「おもちゃ」をどのように考えているのでしょうか。アクティビティ・トイとして高齢者におもちゃを用いるときに，高齢者のおもちゃに対する意識や考え方を知ることは重要なことだと思います。

著者と芸術教育研究所では老人保健施設に入所や通所している高齢者の方々を対象に「高齢障害者とおもちゃ」について調査をしました。結果ではおもちゃを使っての満足度が90%と高く，ほとんどの方が満足していたことがわかりました。

おもちゃを使用したあとの表情や気持ちの変化についても，「普段より明るい表情になった」「気分が高揚して楽しそうだった」「遊び方の工夫を試みていた」「子どもの頃を思い出していた」などの肯定的な表情の変化や心の動きが報告されています。

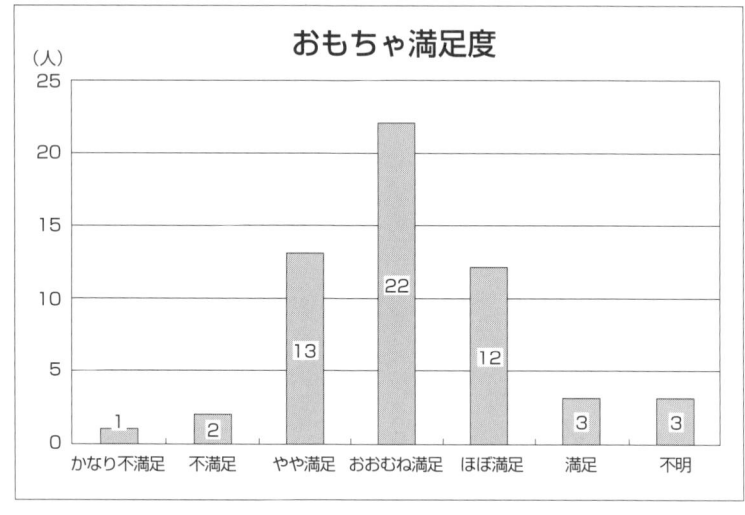

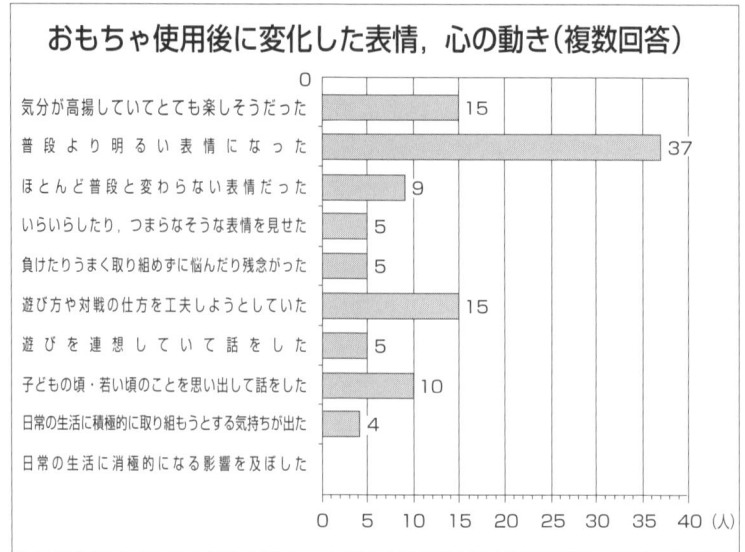

おもちゃ満足度（人）

項目	人数
かなり不満足	1
不満足	2
やや満足	13
おおむね満足	22
ほぼ満足	12
満足	3
不明	3

おもちゃ使用後に変化した表情，心の動き（複数回答）

気分が高揚していてとても楽しそうだった	15
普段より明るい表情になった	37
ほとんど普段と変わらない表情だった	9
いらいらしたり，つまらなそうな表情を見せた	5
負けたりうまく取り組めずに悩んだり残念がった	5
遊び方や対戦の仕方を工夫しようとしていた	15
遊びを連想していて話をした	5
子どもの頃・若い頃のことを思い出して話をした	10
日常の生活に積極的に取り組もうとする気持ちが出た	4
日常の生活に消極的になる影響を及ぼした	0

●どんなおもちゃで遊んでいたのか

　次に高齢者が「どのようなおもちゃで遊んでいたのか」という調査を行いました。対象は仙台市内の「介護老人保健施設リハビリパーク仙台東」に入所及び通所している 55 名です。結果，「昔遊んだもの」では，男性は「こま」「パッタ（めんこ）」「けん玉」「チャンバラ」など，女性は「お手玉」「おはじき」「人形」などでした。「パチンコ」や「ビー玉」などは比較的若い年代に登場し，遊んでいたおもちゃが世代で若干異なることがわかりました。「欲しかったもの」は男女，世代を問わず「なし」が多かったです。「おもちゃを訓練で使う」ことについてはほとんどの方は抵抗ないとのことでした。抵抗があるという方は「片麻痺などでできないから」「遊んでいるみたい」という回答でした。

　結果から性別や世代によって遊んでいたおもちゃが違うということがわかりました。また，おもちゃをアクティビティ・トイとして訓練に用いることについては肯定的な意見が多く，性別や世代の特徴などを考慮して，目的を持った導入であれば望ましい活動であると考えられます。

　アクティビティ・トイの現場実践の活用報告では，芸術教育研究所が中心の「高齢者のアクティビティ研究会」がワークショップを開催して，さまざまな報告をしていますので参考にしてください。

どんなおもちゃで遊んでいたのか

年代	性別	地域	回答人数	昔遊んだおもちゃ
60歳代	男性	農村部	4	コマ，パッタ，ビー玉，けん玉，スキー，スケート
		都市部	4	コマ，けん玉，三輪車，自転車，パチンコ，木刀，チャンバラ
	女性	農村部	3	パッタ，ビー玉，お手玉，おはじき，なわとび，スキー，そり
		都市部	1	お手玉，ままごと，砂遊びセット
70歳代	男性	農村部	6	コマ，パッタ，けん玉，だるま落とし，積み木，竹馬，輪回し，ボール，チャンバラ
		都市部	4	コマ，パッタ，ビー玉，けん玉，なわとび，自転車，刀，ヨーヨー，カードゲーム，ブリキのおもちゃ
	女性	農村部	3	お手玉，おはじき，みだま，人形
		都市部	7	お手玉，おはじき，人形，まり，なわとび，ピアノ，三味線，お雛様
80歳代	男性	農村部	3	けん玉，パッタ，刀，鉄砲
		都市部	1	コマ，めんこ，たこあげ
	女性	農村部	10	お手玉，おはじき，まり，なわとび，ブランコ，あやとり，ゴムとび，石，けん玉，風船
		都市部	9	お手玉，おはじき，人形，ボール，なわとび，あやとり，羽子板，折り紙，ままごと，けん玉
リハビリへの抵抗感			55	なし（46），あり（7）［遊んでいるみたい，片麻痺なのでできないため］，あまり好きではない（1），わからない（1）

Q2 おもちゃに興味を示さない人には，どうしたらよいでしょうか？

A 　「さあ，今日はおもしろいおもちゃが入ったから，グループで楽しく遊びましょう！」と意気込んで誘ってみるとそっぽを向かれてしまう……。おもちゃに限らず，活動ではこのようなことを，誰でも経験しますよね。作業療法の立場からいうと「興味を示す活動の導入」ということが治療の大前提となりますので，興味を示さない活動については無理に行いません。その点を踏まえてアクティビティ・トイの導入についての留意点は，おもちゃということを「あまり意識させない」ことです。高齢者の中にはおもちゃで遊び慣れていない人や，子ども扱いされているみたいというイメージを持ってしまう人がいます。利用者さんにはきちんと「手の運動」「足の運動」「頭の体操」など，「目的を説明」してください。

　次にグループで行う場合には「メンバー構成に配慮」します。口には出さないけれど「Sさんにはできるけど，私にはできない」とか「Tさんはいつも口うるさい」などと思っていることがあります。グループを形成する場合，利用者さんの能力の差や人間関係には配慮が必要です。

　それから「反省をきちんとやる」ことも重要です。「前はやっていただけたのに，今日は断られた」という場合は，実はあまりよくなかった活動だということです。利用者さんの感想や表情などにも気を配って行いましょう。

　私たちはレストランへ行って「何を食べようか」考えますね。同じように，利用者さんの「ニード・要求」＝「なぜその施設を利用しているのか」という本来の目的を考え，生活全体の流れの中で信頼関係を結んだ上でアクティビティ・トイを利用しましょう。

Q3 高齢者が生きてきた時代は，どんな時代だったのか教えてください。

A 　高齢者はどのような時代を生きてきたのでしょうか。今後高齢化を迎える人口の多い団塊の世代を中心に時代背景を見つめ直し，アクティビティ・トイ選びや日々の会話に役立ててください。

●幼年時代（0～5歳）：1945～1950年

　1945年の終戦によって日本は大きく変わりました。団塊の世代の生後から幼年時代は，物資が極端に不足していた貧しい時代で「米よこせ」などの運動があったほどでした。アメリカの占領下，「天皇の人間宣言」や民主主義をうたった「新憲法」の公布，財閥の解体，農地改革などがあり急激に社会制度が変化したのです。

●少年時代（6～15歳）：1951～1960年

　少年時代には新しい制度の学校へ入学，急激な都市部の変化により外遊びをする空き地や広場がなくなりました。しかし朝鮮戦争の特需によって景気がよくなり，53年にはテレビ放送（白黒）が開始，55年には冷蔵庫，洗濯機，掃除機の「三種の神器」が発売されました。戦後10年経ち「もはや戦後ではない」とされ，「家つきカーつきババア抜き」という流行語が生まれました。

この頃になると，手軽な漫画雑誌やテレビ番組から鉄腕アトム，月光仮面，ゴジラやダッコちゃんなど，人気のあるキャラクターが現れました。

●高校・大学時代（16～25歳）：1961～1970年

1961年から70年頃の高校・大学時代には受験競争が始まります。前年60年には激しい政治闘争を経て新日米安保条約が締結され「政治の季節から，経済の季節へ」と意識が変わった頃でした。61年には「レジャー」が流行り，実質成長率は14％という経済成長をしています。64年開催の東京オリンピックに合わせて高速道路や東海道新幹線が開通し，地方からの集団就職などで東京は人口1000万人を越える世界最大の都市となり，68年には世界第2位のGDP（国内総生産）になりました。66年にはカラーテレビ・自家用車・クーラーといった「新三種の神器」が現れました。

成人式を迎えた65年にはベトナム戦争が始まり「大学闘争」「反戦フォークゲリラ」「東大安田大講堂占拠」「よど号ハイジャック」など学生の過激派が問題となりました。また，公害が問題となってきました。一方でこの時期は欧米からの音楽や遊びが流入し，そういう意味ではこの世代は遊びに慣れた世代といえるのではないでしょうか。

●ニューファミリー時代（26～40歳）：1971～1985年

1971年から85年まではニュー・ファミリー時代と呼ばれます。72年の「浅間山荘事件」で学生運動が終わりを告げ，団塊の世代は会社に勤め，家庭を持つようになりました。71年には挙式ラッシュ，73年には第2次ベビーブームによる団塊ジュニア（団塊世代の子どもたち）が誕生します。東京多摩ニュータウン（団地）への入居が始まり，ファミリーレストラン「すかいらーく」が開店しました。

73年のオイルショックで戦後初のマイナス成長を迎え，「省エネ」や「そんなに急いでどこへ行く」などの流行語が生まれましたが，その後経済は「日本列島改造論」で持ち直し，経済的に余裕のある人は郊外へ家を持つようになりました。この頃おもちゃは，家族で楽しむゲームでは「人生ゲーム」「デラックス野球盤」が登場，一方「インベーダーゲーム」や「ファミコン」など個人で遊ぶ傾向もみられます。大人の遊びのほうもボウリングやディスコ，カラオケが登場しました。

●子育てから定年へ（41～60歳）：1986～2005年

子育ての終わりから定年へ向かう1980年頃から，校内暴力やいじめの問題，社会的にはソ連の崩壊や湾岸戦争，消費税の導入，55年体制の崩壊と新党ブーム，地下鉄サリン事件，阪神

おもなできごとと，おもちゃや遊びの流行

【幼年・少年時代】

0歳 － 15歳 1945 － 1960 昭和20年 － 昭和35年	1945年終戦，物資不足，新憲法公布，学校教育法施行 朝鮮戦争，テレビ放送開始，冷蔵庫など三種の神器，戦前の生活レベルに回復 「もはや戦後ではない」「マイホーム」「家つきカーつきババア抜き」安保闘争 戦後の外遊びは石けりやかんけり，かくれんぼ，ベーゴマ，すもうなど ブリキ製ジープ玩具発売，セルロイド・ゼンマイ玩具など国産玩具の輸出 鉄腕アトム連載，ミルク飲み人形流行，映画ゴジラ，ダッコちゃん登場 都市化，空き地が少なくなり外遊び減少，少年マガジン・少年サンデー創刊

【高校・大学時代】

16歳 － 25歳 1961 － 1970 昭和36年 － 昭和45年	受験戦争，日米安保条約，高度経済（14％，61年），レジャー流行 東京オリンピック，新幹線，高速道路開通，カラーテレビや自家用車 ベトナム戦争，大学闘争，過激派，公害，GNP世界第2位に マンガブーム・アニメ番組開始，プラレール，着せ替え人形登場 オバケのQ太郎，ウルトラマン開始，リカちゃん，フォークソングブーム 人生ゲーム，トミカ発売，タイガーマスク，ドラえもん開始，デラックス野球盤登場

【ニューファミリー時代】

26歳 － 35歳 1971 － 1980 昭和46年 － 昭和55年	結婚・挙式ラッシュ，「ニュー・ファミリー」，東京の多摩ニュータウンへ入居 オイルショック・高度成長が終焉，物価が上昇，「省エネ」「のんびり行こうよ俺たちは」 『日本列島改造論』団塊ジュニアが生まれ団塊の世代郊外でマイホーム購入 アメリカン・クラッカー，ボウリングゲーム玩具が流行，仮面ライダー開始 オセロゲームがヒット，マジンガーZ，およげ！たいやき君，カラオケ登場 スーパーカー，インベーダーゲーム大流行，カプセル玩具の販売開始

【子育てから定年へ】

36歳 － 60歳 1981 － 2005 昭和56年 － 平成17年	急速な円高，バブル景気，消費税導入，「ベルリンの壁」崩壊 イラククウェート湾岸戦争，ソ連崩壊，阪神大震災，オウム事件 バブル崩壊，不良債権，リストラ，自殺増加 機動戦士ガンダム，チョロQ，アラレちゃん人気，ファミリー・コンピュータ発売 キャベツ人形，シルバニアファミリー，ドラゴンクエスト，ゲームボーイ 東京ディズニーランド開園，セーラームーン，プレイステーション，ミニ四駆大ヒット

参考資料：『おもちゃで遊ぼう2002-2003』（NPO法人日本グッド・トイ委員会著）

大震災と大きな事柄が起きました。「24時間戦えますか」「過労死110番」などの言葉が流行る一方，91年にはバブルがはじけ，リストラが始まるなど，バブリーな状況から社会不安まで，変化の激しい頃です。そして団塊の世代は2005年に60歳になり，社会の第一線から徐々に退きます。

　以上のような時代を生き抜いて，時代をリードしてきた世代が高齢化を迎えることで，まさに超高齢化が本格化するのです。

Q4 年をとるというのは，具体的にはどういう変化のことですか？

A 高齢者の心身機能の特徴を整理してみましょう。高齢者にアクティビティ・トイを用いるとき，使う側の高齢者の特徴を理解しておく必要があります。くわしくはそれぞれの専門書を参考にしていただきたいと思います。

●高齢者の身体機能の特徴

「運動機能」の老化は誰にでもみられます。体力テストでは20歳代のピーク時に比べ，「敏捷性」は60代では60～70％に減少します。「柔軟性」や「瞬発力」に比べ，「背筋」や「握力」の低下は穏やかです。「平衡性（目を閉じたバランス）」は，60歳頃から急激に重心の動揺がみられるようになる傾向があります。

「感覚機能」の衰えはもっと顕著です。「視力」は40歳頃まで保たれますが，60歳から急激に落ちていきます。暗いところで目が慣れにくかったり，水色の色紙にピンクで書いた文字が見づらかったりと，明暗や色彩の変化にも弱くなります。「聴力」は特に男性では2kHz以上という高い音の反応が悪くなります。若い女性の高い声が聞き取りにくいのはこのためです。「触覚や皮膚の感覚」は，50歳から60歳にかけて老化し，振動を感じる「振動覚」やわずかな2点の距離の差の判断をする「二点識別覚」，温度を感じる「温度覚」の低下も著明です。しかし痛みを感じる「痛覚」は他の感覚ほど衰えないといわれます。私たちが痛くしたつもりはないのに，高齢者がすぐに痛みを訴えるのはこのせいかもしれません。

「味覚」や「嗅覚」も老化にともなって低下する傾向が報告されていますが，測定自体が難しく，研究者間で一致していません。

●高齢者の心理・精神機能の特徴

老化による精神の問題として，「認知症」の問題が大きく取り扱われます。記憶や注意に問題が現れ，日常生活に問題行動がみられることから介護の上でも困難な問題です。

記憶にはいくつかの種類があって，昔のことや電話番号など日常生活で反復して覚えるような「長期記憶」や，カルタで取る文字を記憶しておくような短い時間の記憶「短期記憶」といったものは比較的保たれるという研究が報告されています。しかし，たとえば暗算をしている最中に数字を覚えておくなどの「作動記憶」に著しい低下がみられます。つまり何かをしながら覚えておくということが難しくなるようです。

興味深いのは，何となく覚えていたという「潜在記憶」は高齢者と若年者であまり差がみられないという報告がされていることです。つまり，何となく覚えていることは年を取っても可能なので，思わぬことを覚えていることがあるということです。

認知症の人に気を配る注意点としては「見慣れないもの」や「2つ一度に何かをやらなければならないこと」を苦手にしますので，できればなじみのあるものをゆっくりとひとつずつ行うように心がけることです。

また近年は，「心は脳」ということがいわれます。つまり，脳の機能に精神機能は依存します。認知症では幻聴・幻覚・被害妄想など人格の崩壊も問題です。自分は自分であること（自我の成り立ち・自己中心性）の崩壊，すなわち人格，人権，尊敬，権利といった部分に欠落があるとい

うことです。本来，人間は生存のための種の保存を行い，生態的に欲求や食欲や性欲があります。その辺りを大切にしながら，運動機能の低下，感覚機能の低下，心理・精神機能低下について考えて接する必要があるのではないでしょうか。

Q5 障害にもいろいろあると思いますが，障害について，くわしく教えてください。

A 生命保険のコマーシャルではないですが，万が一の病気やけがで介護が必要な状態になると，普通の日常生活ができなくなることは想像できると思います。一般的にはこのような状態を「障害」といいます。日本では「障害」についていろいろなことが法律で決まっています。障害には3種類あり，「身体障害」「精神障害」，それと「知的障害」です。たとえば「身体障害」は，「身体障害者福祉法」による「身体障害者等級表」のなかにある，「肢体不自由」や「視覚障害」「聴覚障害」などの1級から7級までの段階にあてはまれば手帳が交付され「身体障害者」に認定されることになっています。また「障害」は固定した状態であり，改善しないという考え方がされています。

さらにこれとは別に，高齢者などを対象にした「介護保険法」では，介護の必要な状態の程度で「要支援」から「要介護5」までのランクに分けられます。

●障害についての新しい考え方

2001年に新しい障害についての分類が世界保健機構（WHO）から提案されました。「国際生活機能分類（International Classification of Functioning, Disability and Health）」といって頭文字をとって「ICF」といいます。ICFはリハビリテーションのみならず，医療，保健，福祉に広く用いることが検討されています。ひとことで「障害」といいますが「からだやこころの障害」と「生活を営む障害」「偏見や社会参加についての障害」の3つの側面に分けて考えら

れます。

　たとえば脳卒中の疾患がある人の, 手足が動かないことは「身体の障害・機能障害」, 自力でご飯が食べられないことは「生活面での障害・活動の制限」, 仕事に就けないことは「社会活動の障害・参加の制約」となります。

　また, 一般的には「身体を治せば, 生活の問題が解決する」と思われますが, ICFでは「活動・参加」をすることで「機能の障害」に影響を与えるという考え方をします。たとえば, ご自宅で何とか不自由さを感じながらも工夫しつつ活動することで生活の機能を克服していくという考え方です。つまり, 必ずしも「身体の障害を治す」ことに重点を置くのではなくて, 「生活の機能はどうか」「どれくらい生活についての不便さがあるか」を考えるのです。もちろん障害者という状態だからといって治療, 訓練が必要ないということではありません。

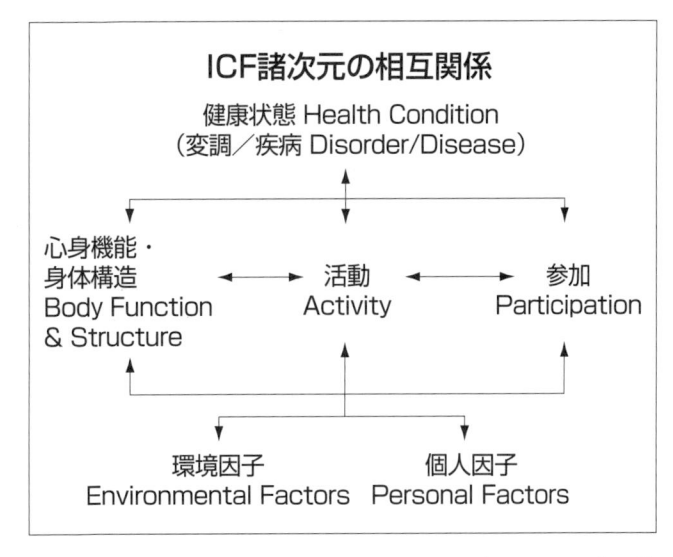

```
ICF諸次元の相互関係

            健康状態 Health Condition
            （変調／疾病 Disorder/Disease）
                      ↕
   心身機能・                              参加
   身体構造    ←→    活動    ←→    Participation
   Body Function     Activity
   & Structure
                      ↕
        環境因子              個人因子
   Environmental Factors  Personal Factors
```

国際生活機能分類の「心身機能」「身体構造」「活動と参加」下位項目

心身機能
- 精神機能
- 感覚機能と痛み
- 音声と発話の機能
- 心血管系・血液系・免疫系・呼吸器系の機能
- 消化器系・代謝系・内分泌系の機能
- 尿路・性・生殖の機能
- 神経筋骨格と運動に関連する機能
- 皮膚および関連する構造の機能

身体構造
- 神経系の構造
- 目・耳および関連部位の構造
- 音声と発話に関わる構造
- 心血管系・免疫系・呼吸器系の構造
- 消化器系・代謝系・内分泌系に関連した構造
- 尿路性器系および生殖系に関連した構造
- 運動に関連した構造
- 皮膚および関連部位の構造

活動と参加
- 学習と知識の応用
- 一般的な課題と要求
- コミュニケーション
- 運動・移動
- セルフケア
- 家庭生活
- 対人関係
- 主要な生活領域
- コミュニティライフ・社会生活・市民生活

Q6 高齢者の障害の原因になる病気について教えてください。

A 主に身体的な障害の原因となる疾患の特徴について考えてみましょう。

左脳を障害
・右片麻痺
・言葉を失う

右脳を障害
・左片麻痺
・位置関係がわからなくなる

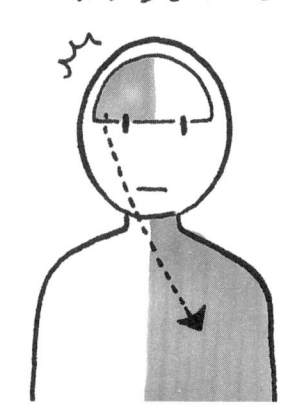

●脳卒中

脳卒中は脳血管に起こるトラブルです。脳は地図のように機能局在（役割）がほぼ決まっていて、どの部分が障害されるかによって症状が異なります。たとえば左脳は言語機能を持っているので、神経が交叉する右片麻痺の場合、多くは言葉を失います。右脳は空間について処理するのが得意ですが、障害されると位置関係がわからなくなり、よくあるのは左空間を認知できなくなります。

手足や体幹（からだ）の運動についても脳の中で担当する責任領域が決まっていて、手の麻痺の強い人、体幹の麻痺の強い人などタイプが分かれます。また感覚も同様に鈍くなったり、全く感じなくなるなど、程度が異なります。さらに、記憶や注意といった部分の障害もある場合があります。

二次的には筋肉の緊張が強くなって硬くなったり関節が動かなくなる「関節拘縮」、また動かないことで麻痺のない側の機能や心肺機能が低下する「廃用性症候群（生活不活発病）」の問題が起こってきます。呼吸や嚥下、食事（摂食）にも問題が起きることがあります。

●脊髄損傷や頸髄症

背骨の脊髄は、脳から手足、体幹に運動神経、感覚神経をつなぐ大事なところです。その連絡路が外傷や病気でトラブルを生じ、結果として手足、体幹の麻痺が起こります。脊髄のどこの部分か、どのレベルの損傷かで、手足が動かせる範囲が決まってきます。感覚も同じです。脊髄には自律神経の中枢もあって、脊髄が障害されると自律神経も障害されます。その場合、めまいや発汗などの問題が起きます。損傷の状態によっては多少動かせるものの、痛みを伴う場合があります。他に褥創（床ずれ）ややけどに気をつけなければなりません。排泄の問題もあります。

●関節リウマチ

関節の変形と痛みが主症状です。特に女性に多く、年数をかけて徐々に痛みを伴って関節が変形してきます。指や、肘、膝、足など、立ったり歩いたり持ち上げたりという動作が、積もり積もって重症になってきます。腰や首も障害を受けるようになると、神経の症状も現れます。全体

的には無理をしない保存的な治療が必要ですが，なるべく動かせる範囲で動かす必要もあります。日常生活では動作に気をつけて自助具と呼ばれるものを使って工夫していきます。

●膝変形性関節症

膝の痛みを伴う関節の変形です。立ち上がりや立位，歩行に問題が起きます。筋力強化や痛みをやわらげる物理療法が有効です。手術する場合もあります。

●大腿骨骨折と骨粗鬆症

転倒による大腿骨の骨折は少なくありません。特に大腿骨の頸部（股関節の付け根の外側）の骨折が多くみられます。最近では治療期間が短くなっていますが，ほとんどは手術での治療になります。骨がもろくなる骨粗鬆症とも関係があります。骨粗鬆症だと，ドンと座ったときに脊椎の圧迫骨折というのも発症しやすいので注意が必要です。

●肺や心臓の疾患や糖尿病や高血圧

心肺機能の障害や糖尿病，血圧などの問題は，運動の持続性や耐久性に関係します。急にめまいや疲れにおそわれたり症状が悪化することがあります。

当然のことですが，障害を持っているということはその基礎的な疾患や合併症も背景にあるということを忘れてはいけません。アクティビティ・トイは必ず医師やリハビリテーションの専門職などに相談や確認の上，使ってください。

Q7 目の見えづらい方や，耳が聞こえづらい方への配慮のしかたを教えてください。

A Q4（P75）でも述べましたが，高齢になると目が見えづらい，耳が聞こえづらいという症状が生じます。視覚では視力，視野，明暗感受の低下，聴覚では高音の聴力の低下がみられます。目が見えづらい場合は，暗すぎず，眩しすぎないように，部屋の明暗に注意しましょう。耳が聞こえづらい場合は，補聴器などの福祉機器が有用かと思います。

アクティビティ・トイを使用する際に考慮することは，「大きく提示する」「色彩（色の明暗など）ははっきりと」「ゆっくりと見せる」「ゆっくりと話す」「あまり高い声で話さない」ことです。運動するときには視覚的な反応が遅かったりしますので，周囲の椅子やテーブルなどの危険物に注意して，転んだりぶつけたりすることのないように配慮してください。聞こえの悪さや目の見づらさは注意力の低下を伴い理解不足でいる場合もありますので，焦らせないで確認することが必要です。

もし可能であれば，耳栓を付けてゴーグルに蝋（ロウ）を塗ってみると，聞こえや目の不自由さが疑似体験できます。きっと高齢者の気持ちもわかると思います。

Q8 市販のおもちゃと手づくりおもちゃは、どちらがよいでしょうか？

A お母さんと一緒におうちでお菓子を焼いたことはありませんか？ なんともいえない暖かみのある味ではなかったでしょうか。手づくりのお菓子は実際の味以上に美味しく感じられたことと思います。手づくりおもちゃにはそんな味わいが感じられます。必ずしも上手にできてなくてもつくり手の愛情が伝わってきます。また、壊れたら自分で直すことも可能です。一方で、市販のおもちゃは言い換えればケーキ屋さんで売られているプロのつくったお菓子です。できるだけたくさんの人を対象に美味しいケーキを売る、職人のこだわりも見えます。

手づくりおもちゃと市販のおもちゃのどちらがいいかということは一概にはいえません。皆さんで簡単につくれるものもあれば、しっかりした技術や知識に裏付けられた技や材料が必要なものもあります。ポイントは「どなたがどんなものを求めているか」ということで、市販か手づくりかというのは実は二の次にくることです。できれば安く、簡単にということもあるでしょうが、安かろう悪かろうでは結局ご利用いただけません。いくら美味しいケーキでも見栄えがしないと買っていただけないでしょう？ ただし絶対条件は「安全である」ということです。

福祉の現場などでは、広さや設備、スタッフ、時間、お金などいろんな状況があろうかと思いますので、それぞれの状況で工夫が必要です。それは美味しいお菓子を召し上がる（アクティビティ・トイを利用する）利用者さんへよりよいサービスをするために、スタッフが考えなければならないことだと思います。

Q9 おもちゃの安全面での留意点を教えてください。

A 市販のおもちゃは基本的には安全に留意してつくられています。メーカーには製造物責任法（PL 法）というものがあって、もし欠陥があって被害があった場合には賠償を請求できます。

しかし一般に想定された以外のことが発生する可能性もあります。たとえばとてもお年寄りに人気のある人形「ユメル」（P 58）ですが、ユメルは結構重くて堅いところもありますので、もし認知症の方が何かの拍子でユメルを投げて人にあたったら大変です。そのような場合はどうでしょうか。メーカーの責任範囲外だと思います。それよりも利用者さんに被害を及ぼしたことで、スタッフや施設の責任が問われるのではないでしょうか。手づくりおもちゃにしても同様で危険性に関しては常に気を配らなければいけません。

アクティビティ・トイを利用する上での留意点は、特に運動を伴うおもちゃを用いるときです。立位や座位からの転倒や転落、血圧や脈拍などの発作に気をつけてください。そのためにも利用者さんの状態をきちんと把握しなければなりません。利用者さんとコミュニケーションをとって、医師や看護師、作業療法士や理学療法士から情報を聞くようにしてください。

アクティビティ・トイ分析表

おもちゃの名称 _____

一般的に遊ぶ人数 _____

1. 用途
ゲーム（競争）・運動あそび・構成あそび・感覚（みる、きく、さわる）・クイズ、頭の体操あそび・
その他（　　　　　　　　　　　　　　　　　　　　　　　　　　　　　　　　　）

2. 得られる活動・感性

時間の長さ　　　　　　　　　　　　　分
使用する際の空間　手の届く範囲・テーブル上・室内
工程の複雑さ
　　　単純　*----+----*　複雑

誘発される感情の種類
　　　楽しい　　*----+----*　楽しくない
　　　うれしい　*----+----*　悲しい
　　　おかしい　*----+----*　おかしくない
　　　気持ちよい *----+----*　気持ち悪い
　　　忙しい　　*----+----*　ゆっくり
　　　やさしい　*----+----*　こわい
　　　きれい　　*----+----*　きたない
　　　緊張する　*----+----*　緊張しない
そのほかの感情

言語能力の必要性
　　　あり　*----+----*　なし
判断能力の必要性
　　　あり　*----+----*　なし

3. 素材（材質）と形態
　　硬い　　*----+----*　柔らかい
　　大きい　*----+----*　小さい
　　長い　　*----+----*　短い
　　でこぼこ *----+----*　つるつる
　　重い　　*----+----*　軽い
　　明るい　*----+----*　暗い

おもな色の種類
おもな形
材質（木・金属・プラなど）
おもな音の種類
おもな香りの種類
その他

4. 主な運動の特性
　　粗大運動　　　　*----+----*　巧緻運動
　　早い運動　　　　*----+----*　遅い運動
　　力のいる運動　　*----+----*　力のいらない運動
　　リズムのいる運動 *----+----*　リズムのいらない運動
　　繰り返しのいる運動 *----+----*　繰り返しのない運動
　　エネルギーの必要な運動 *----+----*　エネルギーの必要ない運動
　　持続的な運動　　*----+----*　瞬発的な運動
　　座る　　*----+----*　座らない
　　立つ　　*----+----*　立たない
　　歩く　　*----+----*　歩かない
　　走る　　*----+----*　走らない
　　書く　　*----+----*　書かない
　　つかむ　*----+----*　つかまない
　　押さえる *----+----*　押さえない
　　回す　　*----+----*　回さない
　　投げる　*----+----*　投げない

一般的な基本的肢位
主に用いられる身体的部位
その他

5. 主な感覚の特性
　　見る　　*----+----*　見ない
　　読む　　*----+----*　読まない
　　聴く　　*----+----*　聴かない
　　話す　　*----+----*　話さない
　　手で触る *----+----*　手で触らない
　　覚える　*----+----*　覚えない
　　気を配る *----+----*　気をつかわない
　　嗅ぐ　　*----+----*　嗅がない
　　集中必要 *----+----*　集中必要ない

6. 世界や日本の地方

7. 市販か手作りか

8. 対象とする年齢・男女別

付録2　本書紹介おもちゃ一覧表

　本書で紹介されている市販のおもちゃで，下表の「Apty 取扱い」欄に○がついているものの購入については，芸術教育研究所のおもちゃ美術館附属 TOY ショップ「Apty」（電話：03－3387－5461，E-mail：aei@toy-art.co.jp）までお問い合わせください。

　なお，本書の「このアクティビティ・トイをつくってみよう」の中で紹介している材料はホームセンターなどで手に入ります。お近くのお店でお買い求めください。「Apty」では材料の販売等はしておりません。

掲載ページ	おもちゃ名	販売元	価格	Apty 取扱い
20	Wip Tip	ニキティキ	3150	○
22	スベール	手づくり	手づくり	
24	手づくりお手棒	手づくり	手づくり	
26	ルーピング		2100～	○
28	チロリアン・ルーレット	メスピ社	4410	○
30	卓上織機「イネス」	NIC 社	4620	○
32	手探り形合わせ	エド・インター	3045	○
34	ペグボード	手づくり	手づくり	
36	キックでポン	手づくり	手づくり	
38	グラット	手づくり	手づくり	
40	魚釣りパズル		5040	
40	輪投げ	ニチガンオリジナル	12600	○
42	透明ブロックと照明台			
44	フェイスタッチ	デュシマ社	12075	○
46	コロット	トミー	1200	
48	シロフォン	おもちゃ箱	2415	○
50	ノブ付きパズル・プレイ＆ゲーム	セレクタ社	3885	○
52	ログハウス積み木	無垢工房	16590	○
54	江戸いろはカルタ	金の星社	1155	
56	癒し缶　水の精マリン缶	手づくり	手づくり	
58	おやすみユメル	トミー	8925	
58	ニューたあたん	グラファージ	9030	
58	エミール，アンナ	コミカップ社	12000	
60	人生ゲーム「昭和おもひで劇場」	タカラ	10000	
62	ぶらんこバランスゲーム	エド・インター	1785	○
64	はめっこパズル	ゆーといぴあ	4725	○
64	ミニヤード	ノヴァ研究所	28350	
65	お月さまバランス	エド・インター	1155	○
65	マグネットダーツ	河田	2079	○
65	フォールディ	ゆーといぴあ	4095	○
66	サボテンバランスゲーム	プラントイ	3360	○
66	コリントゲーム	ユシラ社	9870	○
66	ハムスターロレ	ツォッホ	9240	
67	歩く動物（白木）	ゲン・インターナショナル	2940	○
67	リングウェーブ	スピール＆ホルツデザイン社	1995	○
67	リバーシゲーム 6×6	グラファージ	15000	○
68	カプラ	アイピーエス	9975	○
68	8重パズル　カエデ	ボーネルンド	3150	○
68	トロフレックス	エクスプランテ	3990	○
69	木のパズル	サイアム社	1869	○
69	スティッキー	ハバ社	2625	○
69	木製てんとうむしジャンケン	平和工業	1890	○

　また，壊れてしまったおもちゃ，動かなくなってしまったおもちゃは，全国各地にある「おもちゃ病院」でおもちゃドクターが治療してくれます。おもちゃ病院については，おもちゃ病院連絡協議会事務局（電話：03－3387－6120）までお問い合わせください。

おわりに

　おもちゃをリハビリテーションの現場に持ち込んだきっかけとなったお話を紹介してくださったのは，岩手県雫石町にある知的障害児施設・希望ヶ丘学園園長・菊池敏夫先生でした。1998年のことです。希望ヶ丘学園には「おもちゃ美術館」があり，その関係で芸術教育研究所から声をかけていただいたらしいのです。私は発達障害を専門領域としているので，おもちゃをリハビリテーションに使うこと自体は感覚的に理解できましたが，高齢障害者のリハビリテーションに導入することは考えてもいませんでした。

　しかしよく考えてみると，「おもちゃ」というものは作業療法に内在化しています。発達障害児の訓練ではよくおもちゃが使われますが，子どもがおもちゃに夢中になったり，逆に興味を示さなかったりして，訓練に集中できずに振り回され，おもちゃを選ぶのが大変でなかなか難しいなあと思いながら臨床をしていました。そして芸術教育研究所の多田千尋所長と知り合い，おもちゃについて話し合ったり，「高齢者のアクティビティ研究会」の活動報告を見るにつけ，「これは作業療法士がきちんと系統づけないといけない。レクリエーションではない，きちんと訓練に使える環境要因として位置づけないと」と思いました。「おもちゃ療法」なんて独立されたら作業療法士は困ってしまう。というより本来の作業療法の役割として，おもちゃを外在化しなくてはならないと思ったわけです。

　さて，本書では「おもちゃとリハビリテーション」の関わりを考えました。ひとつのポイントは「相互作用」です。少し難解ですが，相互作用には「機能的な意味」と「社会的な意味」の2つがあると思います。機能的には，おもちゃが働きかけによって変化する，それに続いてさらに使う側も変化するということです。実際おもちゃを活動として使うとき，使う人によっていろいろ遊び方が変わりますし，「おもちゃも人も変化しあう」ということです。次に，社会的に少し視点を広げると，少子高齢化によりおもちゃ市場のターゲットが高齢者になってきていることがあげられます。これから，おもちゃになじんでいる団塊の世代が高齢者になり，より高齢者を意識したおもちゃも発売されることで，おもちゃと高齢者は社会的にも相互に作用しあっていくと考えられます。

　生活にリハビリテーションを持ち込む「生活リハビリ」ではなく，生活の一部として，もっと余暇を楽しむために，あるいは障害があっても安寧（WELL BEING）で健康な生活を過ごすために，「アクティビティ・トイ」を考えてみましょう。「高齢者は遊びの達人」なのですから。

　最後になりますが，本書の執筆を熱心に勧めていただいた芸術教育研究所の多田千尋所長，同じく私の書き慣れない文章を辛抱強く編集していただいた磯忍さん，大変イメージのよいイラストを描いていただいた新米ママの武田亜樹さん，黎明書房の都築康予さんに感謝します。そして執筆の時間をいただいた岩手リハビリテーション学院の教職員と私の家族にお礼を。何より一番に深謝するのは，積極的に訓練におもちゃを使ってご協力いただいた，宮城県の介護老人保健施設リハビリパーク仙台東，高砂，みやび，あやめの各施設の利用者さんと，リハスタッフの方々です。どうもありがとうございました。

2005年10月

松田　均

監　修	芸術教育研究所

1953年に設立。芸術文化と遊び文化を通した子どもたちの全面発育と高齢者のアクティビティ支援の研究機関として，美術，音楽，演劇，文学，工芸など，様々な芸術教育の研究及び実践を進めている。近年は「福祉文化」の視点による芸術教育のアプローチを展開し，定期的に芸術教育，幼児教育，おもちゃ関連の講座，高齢者福祉のセミナーも開催しており，受講者は3万人を超える。1995年より「高齢者のアクティビティ支援セミナー」を開講し，東北，関東，九州を中心に福祉現場の関係者の支持を受けている。

著　者	松田　均

1962年秋田県生まれ。岩手リハビリテーション学院作業療法学科卒業。作業療法士。岩手大学人文社会科学研究科社会科学専攻（認知心理学・触運動覚に関する基礎的研究にて修士課程修了）。現在，財団法人岩手済生医会岩手リハビリテーション学院作業療法学科専任教員。もりおかこども病院非常勤講師，杏林会介護老人保健施設リハビリパーク非常勤リハスタッフ。日本作業療法士協会・認定作業療法士。日本応用心理学会，東北心理学会，日本イメージ心理学会会員。日本ボバース研究会A会員。岩手子どもを育てるおもちゃ展運営委員。岩手チェアスキークラブ会員。著に連載『おもちゃでリハビリ・おもちゃ選びのワンポイントアドバイス．AptyCare（芸術教育研究所編）．黎明書房，vol. 1-13，2002-2005』ほか『松田均，渡辺泰子，田村恵実子　高齢障害者とおもちゃ：認知的側面を中心に．作業療法ジャーナル，36：pp.1361-1365，2002』。岩手リハビリテーション学院ではリハビリテーション概論，発達障害学，義肢装具学，環境適応論，作業療法研究法，木工などの講義担当。

岩手県盛岡市長田町15-16　岩手リハビリテーション学院
TEL 019（654）2788　　FAX 019（654）2779　　E-mail:matuda@rehab.iwate-saiseiikai.jp

イラスト	武田亜樹
写　真	栁下敏久
企　画	多田千尋（芸術教育研究所所長）
撮影協力	こもね在宅サービスセンター
	アイリスケアセンター中野

お問い合わせは……
芸術教育研究所
〒165-0026　東京都中野区新井2-12-10　☎ 03(3387)5461
URL　http://www.toy-art.co.jp/

AptyCare 福祉現場シリーズ①
高齢者のためのおもちゃで楽楽作業療法

2005年11月1日　　　初版発行

監　修	芸術教育研究所
著　者	松田　均
発行者	武馬久仁裕
印　刷	株式会社　太洋社
製　本	株式会社　太洋社

発　行　所　　　　　　　　株式会社　黎明書房

〒460-0002　名古屋市中区丸の内3-6-27　EBSビル　☎ 052-962-3045
　　　　　　FAX 052-951-9065　振替・00880-1-59001
〒101-0051　東京連絡所・千代田区神田神保町1-32-2
　　　　　　南部ビル302号　☎ 03-3268-3470

落丁本・乱丁本はお取替します　　　　　　ISBN4-654-05651-3
ⓒ ART EDUCATION INSTITUTE 2005, Printed in Japan